rowohlts monographien
begründet von Kurt Kusenberg
herausgegeben
von Uwe Naumann

# Buddha

mit Selbstzeugnissen
und Bilddokumenten
dargestellt von
Volker Zotz

Rowohlt

Dieser Band wurde eigens für «rowohlts monographien» geschrieben
Den Anhang besorgte der Autor
Herausgeber: Wolfgang Müller
Redaktionsassistenz: Katrin Finkemeier
Umschlaggestaltung: Walter Hellmann
Vorderseite: Buddha (Teilansicht), aus Sârnâth, Uttar Pradesh,
5. Jahrhundert u. Z. (Foto: H. Retzlaff, Tann)
Rückseite: Sâñcî, Madhya Pradesh, Stûpa 2, Ansicht von Ost,
Ende des 2. Jahrhunderts u. Z. (Foto: H. Rau, Stuttgart)

Dieser Band ersetzt die 1958 erschienene Monographie
über Buddha von Maurice Percheron
Veröffentlicht im Rowohlt Taschenbuch Verlag,
Reinbek bei Hamburg, Oktober 1991
Copyright © 1991 by Rowohlt Taschenbuch Verlag GmbH,
Reinbek bei Hamburg
Satz Times (Linotronic 500)
Gesamtherstellung CPI – Clausen & Bosse, Leck
Printed in Germany
ISBN 978 3 499 50477 8


8. Auflage Dezember 2009

# Inhalt

«So habe ich gehört» 7
Niedergang und Aufbruch 16
Der Śramane Gautama 29
Erwachen 39
«Der Lehrer der Götter und Menschen» 52
Zur Philosophie Gautamas 68
Der Weg zur Erlösung 80
Die sozialen Fragen 92
Gautamas Tod 106
Wer war Gautama? 118

Anmerkungen 126
Zeittafel zur buddhistischen Missionsgeschichte 137
Zeugnisse 139
Bibliographie 142
Namenregister 150
Quellennachweis der Abbildungen 152
Über den Autor 153

Lehrender Gautama (Indien, 5. Jahrhundert; Sârnâth, Archäologisches Museum)

# «So habe ich gehört»

Der Buddhismus ist die älteste Religion mit universellem Anspruch. Vor mehr als zweitausend Jahren in Nordindien entstanden, beeinflußte er das Geistesleben seines Ursprungslandes nachhaltig. Lange bevor er im 13. Jahrhundert aus Indien verschwand, fand er in China und Japan, Südostasien und Indochina, Tibet und später auch der Mongolei Eingang. Er prägte die Kulturen dieser Länder und ist bis heute neben seiner Bedeutung als religiöses Bekenntnis ein bestimmendes Element ihrer Philosophie, Literatur und Kunst, Politik und Wirtschaft. Zunehmend gewinnen buddhistische Ideen Einfluß auf Europa und Amerika.

Die buddhistische Bewegung hat in Gautama Siddhârtha einen historischen Stifter, der sich *Buddha*, «der Erwachte», nannte. Nicht unter seinem Eigennamen Siddhârtha oder dem Familiennamen Gautama, sondern unter diesem Titel wurde er im Abendland bekannt.

Vor einer Darstellung von Leben und Werk Gautamas sollten einige Probleme angesprochen werden, die sich in einer Auseinandersetzung damit ergeben. Gautama als Gestalt einer räumlich und zeitlich entfernten Kultur läßt sich nicht unmittelbar begreifen. Erhaltene Texte mögen übersetzbar und wichtige Ereignisse rekonstruierbar sein. Trotzdem kann die Perspektive des Späteren nicht alle wesentlichen sozialen, kulturellen, ökonomischen und menschlichen Zusammenhänge erfassen, die zu den Worten und Geschehen führten. Immer ist die Interpretation gefordert, Unverständliches plausibel zu machen, Fernes näherzubringen. Zwei Traditionen der Interpretation verdanken wir alle Kenntnisse über Gautama: den buddhistischen Schulen Asiens und der modernen, anfänglich europäischen Buddhismusforschung. Die buddhistischen Schulen waren bemüht, im Wandel der Zeiten und Kulturen die Rolle Gautamas und seine Lehre als religiöse Wahrheiten zu behaupten. Die moderne Tradition der Buddhismuskunde strebt danach, die Ursprünge des Buddhismus mit wissenschaftlichen Methoden der Philologie und Historik zu erschließen. Umfeld und Absichten der religiösen wie wissenschaftlichen Interpreten sind deshalb sehr verschieden von jenen des Interpretierten.

Die frühbuddhistische Kunst bildete Gautama nicht ab. Seine Gegenwart wurde symbolisch dargestellt, in dieser Verehrungsszene zum Beispiel durch den Baum (Indien, 2. Jahrhundert; Kalkutta, Indisches Museum)

Als im 19. Jahrhundert in Europa die wissenschaftliche Beschäftigung mit dem Buddhismus begann, bestritten viele Forscher die Geschichtlichkeit Gautamas: Émile Senart (1847–1928) wollte in den klassischen Lebensbeschreibungen einen Sonnenmythos erkennen.[1]* Hendrik Kern (1833–1917) deutete die Biographie Gautamas als symbolhaften Ausdruck astronomischer Gegebenheiten.[2] Richard Otto Franke (1862 bis 1928) hielt einen großen Teil der überlieferten Reden Gautamas für «fade Schwätzerei und [...] wirren Unsinn»[3] und gab angesichts eines 1898 entdeckten Grabdenkmals Gautamas mit beschrifteter Urne zu bedenken, «daß wie bei den meisten Reliquien frommer Irrwahn im Spiele sein»[4] könnte. Diese und andere bedeutende Pioniere der Buddhismuskunde wollten zeigen, daß der Stifter des Buddhismus die literarische Vermenschlichung einer mythologischen Gestalt wäre oder zumindest keine Evidenz für sein Wirken existiere. Ihre Theorien spiegeln das damalige Verhältnis Europas zu anderen Kulturkreisen wider. Die Länder des Buddhismus waren weitgehend Kolonien oder befanden sich in wirtschaftlicher und politischer Abhängigkeit von Europa. Unter ihren Bewohnern missionierte man für westliche Bekenntnisse. Das herrschende Überlegenheitsgefühl wollte weder zugestehen, daß es im Altertum außerhalb Europas Persönlichkeiten gab, die sich mit den griechischen Philosophen messen könnten, noch daß dort eine weltreligiöse Tradition ihren Ausgang nahm, die älter als jene des Abendlandes war. Die Idee von der Geschichtslosigkeit nichtchristlicher Völker, wie sie bei Hegel Ausdruck fand, ist charakteristisch für diese Haltung, die zu den phantasievollen Theorien beitrug, mit denen Forscher die Ungeschichtlichkeit einer der historisch wirksamsten Persönlichkeiten beweisen wollten.

Durch die Arbeit des Indologen Hermann Oldenberg (1854–1920) galt Gautama der europäischen Wissenschaft schließlich als historisch. Oldenberg trennte in seiner Analyse der Quellen das, was einem nüchternen Verstand als Tatsache gelten kann, von Schilderungen wunderbarer Ereignisse, an denen die Überlieferung reich ist. Das verbliebene Material fügte er in seinem 1881 erstmals erschienenen Werk «Buddha» zu einer Biographie, die Leben und Lehre Gautamas aus ihrem indischen Umfeld deutet.[5] Oldenbergs Verfahren und das daraus gewonnene Bild prägen bis heute die westlichen Darstellungen Gautamas. Sein Ansatz, das freizulegen, was als historischer Kern der Überlieferung gelten kann, besitzt unverminderte Gültigkeit. Doch ist auch Oldenbergs Arbeit von der abendländischen Überheblichkeit seiner Zeit belastet, wenn er zum Beispiel meint, daß «dem indischen Volk selbst die Kraft, Individuen zu bilden, versagt war» oder «Indien eben zu allen Zeiten an schöpferischen

---

* Die hochgestellten Ziffern verweisen auf die Anmerkungen S. 126f.

Stûpa-Tor (Sâñcî, 1. Jahrhundert v. u. Z.). Man verehrte den toten Gautama, indem man Hügelgräber (Stûpas) umschritt, die Asche- und Knochenreliquien von ihm enthielten (Berlin, Museum für Indische Kunst)

Persönlichkeiten arm gewesen ist».[6] Vor dem Hintergrund solcher Vorurteile entstand die These vom pessimistischen Buddhismus, der als weltverneinende Bewegung europäischer Daseinsbejahung entgegengesetzt sei. Verfechter der Höherwertigkeit westlicher Kultur und Lebensart warnten darum vor dem angeblich antisozialen Charakter der Lehre Gautamas. Eine positive Bewertung fand die Weltverneinung dagegen bei

Vertretern einer «buddhistischen» Bewegung in Europa. Diese entstand im Anschluß an Arthur Schopenhauer (1788–1860), der seine eigene Philosophie für identisch mit jener Gautamas hielt.[7]

Da das Modell des Gegensatzes des pessimistischen und daher passiven Buddhismus zum aktiven Abendland von vermeintlichen Befürwortern wie Ablehnern der Lehre Gautamas akzeptiert wurde, erlangten darauf gründende Urteile Gemeingültigkeit. Bis in die Gegenwart beeinflussen Wertungen das Bild, die ihre Wurzeln weniger in den Quellen als im Europa des 19. Jahrhunderts haben. Obwohl zum Beispiel große Teile der überlieferten Reden Gautamas auf alltägliche und soziale Themen eingehen, berücksichtigen selbst neuere Arbeiten vornehmlich jene Aspekte, die von der Erlösung hausloser Wanderer handeln. Auch wenn dies zweifellos ein zentrales Anliegen Gautamas war, hält dessen einseitige oder ausschließliche Betonung das Vorurteil vom pessimistischen Philosophen der Weltflucht aufrecht. Der Erfolg Gautamas in Indien und seiner Bewegung in Asien läßt sich dann aber nur erklären, wenn man das rassistische Klischee vom weltverneinenden und passiven Asiaten voraussetzt. Doch dieselben Quellen, die Gautama als Lehrer einer Gemeinschaft schildern, die weltliche Bindungen und Besitz aufgab, zeigen weitere Facetten. Gautama erscheint als viel gefragter Ratgeber für Menschen aller Bevölkerungsschichten, dem kein Anliegen zu weltlich war. Zu Ehe und Scheidung vertritt er ebenso klare Werte wie zur Sozialfürsorge oder Todesstrafe. Er berät Händler über den rechten Umgang mit ihrem Reichtum und dessen Erhaltung, Regierende über Wohlfahrt und Entwicklung des Staates. Um Gautama annähernd gerecht zu werden, müssen alle diese Elemente berücksichtigt werden.

Neben dem Ausklammern wichtiger Aspekte der Quellen birgt die Sprache der Interpretation Schwierigkeiten. Begriffe, derer wir uns zur Wiedergabe der Lehren Gautamas bedienen müssen, wurden unter europäischen Bedingungen geprägt. Sie sind mit Bedeutungen belegt, die automatisch das Verständnis der ursprünglichen Aussagen beeinflussen. Worte wie «Religion», «Erlösung», «Person» oder «Tod» lösen beim westlichen Leser Vorstellungen aus, die sicher nicht mit jenen übereinstimmen, die in der Kultur Indiens vor mehr als zweitausend Jahren bestanden. Nicht nur die gefühlsmäßige Besetzung einzelner Wörter, sondern auch das, was als Folgerichtigkeit des Denkens und Argumentierens gilt, erschwert die Übertragung philosophischer und religiöser Aussagen. Die europäische, d. h. aristotelische Logik kennt den Satz vom zu vermeidenden Widerspruch: Widersprechen zwei Aussagen einander, gilt zumindest eine als falsch. Danach kann zum Beispiel jemand nicht zugleich existieren und nicht existieren. Im Indien Gautamas dachte man nicht in dieser Weise ausschließend. Darum wurde Gautama gefragt, ob Erlö-

Frühe figürliche Darstellung Gautamas (Indien, 2. Jahrhundert; Mathurâ Archaeological Museum)

sung für ihn Sein, Nichtsein, beides oder keines von beidem bedeute.[8] Sowohl die Identität von Sein und Nichtsein als auch ein Zustand von weder Sein noch Nichtsein ergeben im europäischen Kontext keinen Sinn, müssen für die Fragenden jedoch denk- oder fühlmögliche Gegebenheiten gewesen sein. Daß Gautama alle vier Möglichkeiten verneinte, weist auf eine fünfte. Gibt man den Begriff *Nirvâṇa*, mit dem er diesen erlösten Zustand bezeichnete, einigermaßen wörtlich mit «Erlöschen» wieder, bringt dies kaum die Bedeutung zum Ausdruck. Aber auch jede erklärende Umschreibung eines Zustands, der nicht Sein, nicht Nichtsein, nicht beides, nicht keines von beidem ist, bleibt vor dem europäischen Hintergrund Stückwerk. Inhalte wären nicht nur von einer Sprache, sondern auch einer Logik und einer Art des Fühlens in die jeweils andere zu übertragen.[9]

Ist man sich solcher Schwierigkeiten, die der eigene Standort mit sich bringt, bewußt, stellt sich als nächstes die Frage, wie zuverlässig die betrachteten Quellen sind. Woher wissen wir von Gautama, und wie vertrauenswürdig sind diese Kenntnisse?

Das heute in Asien existierende Bild Gautamas ist Ergebnis einer langen Entwicklung. Vollständige Biographien wie «Nidânakathâ», von autoritativem Charakter im südasiatischen Buddhismus Sri Lankas, Birmas und Thailands, oder «Lalitavistara», von bedeutendem Einfluß in Ostasien, entstanden Jahrhunderte nach Gautama. Mythen um den im Lauf der Zeit als Übermenschen gesehenen Gautama und philosophische An-

Viele Berichte beginnen: «So habe ich gehört. Einst weilte der Erhabene bei Râjagṛha auf dem Geiergipfel...» Gautama zog oft zum Lehren an diesen Ort

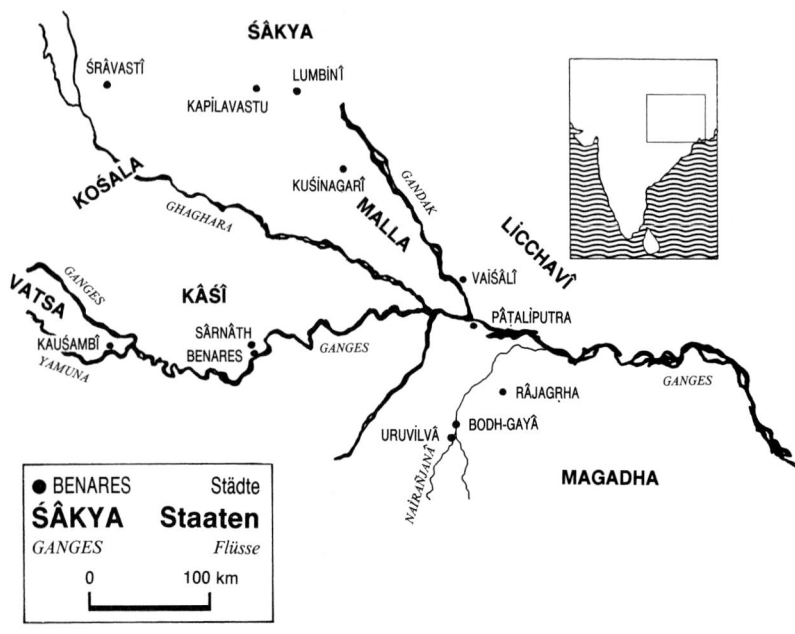

Gautamas Wirkungsgebiet

schauungen inzwischen entstandener buddhistischer Schulen treten in diesen Lebensbeschreibungen zur älteren Überlieferung.[10]

Die frühesten Zeugnisse für Gautamas Leben und Lehre finden sich in seinen Reden, Gesprächen und den Rahmenerzählungen dazu. Diese liegen in umfangreichen Sammlungen vor, deren Texte zumeist mit den Worten «Evaṁ mayâ śrutam» – «So habe ich gehört» – beginnen. Jener, der hier Gehörtes wiedergibt, ist Ânanda, ein Vetter und jahrelanger Begleiter Gautamas. Es heißt, er habe sich 82000 Aussprüche Gautamas, die er selbst hörte, und 2000 weitere, die andere ihm berichteten, gemerkt.[11] Nach Gautamas Tod, so die Überlieferung[12], hätten sich fünfhundert seiner bedeutendsten Schüler unter Leitung Kâśyapas des Großen im nordindischen Râjagr̥ha versammelt, um in einem siebenmonatigen Konzil die Lehre festzuhalten. Zu diesem Anlaß soll Ânanda das von ihm Gehörte referiert haben. Dieses Denkmal für einen bedeutenden Schüler dürfte kaum der historischen Wirklichkeit entsprechen. Wahrscheinlich ist, daß Ânanda, der zahlreiche Gespräche seines Vetters hörte, einer Versammlung von vielen Berichterstattern als korrigierender Berater diente. Auch wenn die Schüler Gautamas sich nach dessen Tod versammelten, um über Inhalt und Bewahrung seiner Lehren zu beraten, dürfte doch ein längerer Prozeß bis zur Formulierung der Gespräche und Rahmengeschichten geführt haben. Die Worte Gautamas wurden, bevor es zur Niederschrift kam, generationenlang mündlich weitergegeben. Selbst wenn man die wichtige Rolle des Hörens, treuen Bewahrens und Weitergebens in der indischen Geistesgeschichte berücksichtigt, muß es in einem Jahrhunderte währenden Prozeß mündlichen Überlieferns viele Veränderungen gegeben haben. Hinzu kommt, daß die frühesten schriftlichen Aufzeichnungen in den indischen Sprachen Sanskrit und Pâli und nicht in Gautamas Muttersprache Mâgadhî existieren.[13]

Ein bewußtes Fälschen grundlegender Berichte über Gautama und seine Lehre darf während der Phase mündlichen Überlieferns weitgehend ausgeschlossen werden. Gautama hatte schon zu Lebzeiten eine breite Anhängerschaft in mehreren indischen Ländern, die beharrlich wuchs. Aussagen im Widerspruch zu den vertrauten Lehren hätte man kaum hingenommen. In der nicht zentral organisierten Gemeinde Gautamas wären sie zudem nicht allgemein durchzusetzen gewesen. Doch Erzählungen, die dem Bekannten nicht widersprachen, sondern sich ergänzend darin einfügten, konnten zweifellos in die Überlieferung einfließen. In welchem Ausmaß dies in den unmittelbar auf Gautama folgenden Generationen geschah, läßt sich nicht feststellen.[14]

Nicht die einzelne Episode oder Aussage, sondern nur das Gesamtbild des Menschen und seiner Lehre, wie es sich aus dem überlieferten Material ergibt, kann daher als authentisch gelten. Den zitierten Selbstzeugnissen kommt somit ein bloß relativer Wert zu. Sie sind keine gesicherten, wörtlichen Äußerungen des Menschen Gautama, sondern Formulierungen, an denen die Tradition Anteil hat.[15]

Typisch für die Texte, die Gautamas Leben und Lehre berichten, sind zahlreiche mythische Elemente. Zwar heben sich die ältesten Schichten von der sehr bunten späteren Tradition als relativ nüchtern ab. Doch spricht Gautama auch in diesen selbstverständlich mit Göttern und Geistern. Sicher ist bei der historischen Darstellung geboten, zwischen faktischem und mythischem Material zu unterscheiden. Trotzdem sollte das letztere nicht gänzlich ausgesondert werden. Nicht immer sind Mythen oder Legenden als bloße Ausschmückungen oder als fromme Versuche, Gautama zu verherrlichen, abzutun. Andere Zeiten und Kulturen besaßen ihnen gemäße Ausdrucksformen für Erlebtes. Die wunderbaren Elemente der älteren Berichte konfrontieren den heutigen Leser mit einer subjektiven Dimension der Zeitgenossen Gautamas, die ebenso Teil einer umfassenden Wahrheitsfindung sein muß wie das Rekonstruieren des objektiven Verlaufs der Geschichte.

# Niedergang und Aufbruch

Wann Gautama geboren wurde, ist nicht eindeutig zu bestimmen. Zwar lassen sich nach klassischen Biographien wichtige Ereignisse seines Lebens chronologisch ordnen, doch erlauben die Quellen kein sicheres Datieren. Die Annahmen der buddhistischen Tradition und der Forschung schwanken zwischem dem 6. bis zur Mitte des 4. Jahrhunderts v. u. Z. In der Literatur hat sich eingebürgert, das Leben Gautamas von ungefähr 560 bis 480 anzusetzen, neuere Erwägungen sprechen aber für eine spätere Zeit, nämlich das 4. Jahrhundert v. u. Z.[16] Die Unklarheit über die Lebensdaten ist kein grundsätzliches Problem für die Kenntnis von Gautamas Biographie und Lehre, wirft jedoch Fragen weltgeschichtlicher Zusammenhänge auf, etwa möglicher Beziehungen des frühen Buddhismus zum griechischen Denken.

Im Norden Indiens standen sich zu dieser Zeit zwei politische Systeme gegenüber: Die ältere Form der oligarchischen Republik in Staaten wie Licchavi, Śâkya und Malla sah sich durch Königreiche wie Magadha, Kośala, Vatsa und Avânti mit der neuen Erbmonarchie konfrontiert. In den Republiken wurde von der Oberschicht der Kriegerkaste ein Regent gewählt, der an Entschlüsse von Ratsversammlungen gebunden war und deren Kontrolle unterlag. In der Monarchie galt der Wille eines Herrschers. Während sich noch Republiken in den Vorgebirgen des Himalaya hielten, dominierten die Monarchien im fruchtbaren Becken der Flüsse Ganges und Yamuna. Die Entwicklung zur Machtkonzentration in einer Hand spiegelte den wirtschaftlichen Umbruch wider: Bedurfte eine Gesellschaft von Viehzüchtern, die ihre Tiere über freies Weideland trieben, keiner starken Zentralgewalt, so begünstigte der Landbau die Stellung eines Herrschers, der über die Grenzen der Felder wachte. Zur Zeit Gautamas waren die letzten Republiken nur noch beschränkt autonom. Sie standen unter der Hegemonie der Monarchien, denen sie zunehmend Souveränitätsrechte abzutreten hatten.

Die großen wirtschaftlichen und politischen Veränderungen brachten Normen ins Wanken, die seit einem Jahrtausend galten, und bereiteten einen Wertewandel vor, der auf verschiedenen Ebenen sichtbar wurde. Im sozialen Bereich kam die überkommene Rangordnung der Kasten in Bewegung. Die indische Gesellschaft war als ständische in die Kasten der Krieger, Brahmanen, Händler und Landarbeiter gegliedert. Solange Kriegersippen in den Republiken die Regenten aus ihrer Mitte wählten und kollektiv deren Amtsführung überwachten, behaupteten sie sich als Oberschicht. Doch der Übergang der Macht auf einen König, der seine Herrschaft an einen Erben weitergab, ließ den Kriegerstand an Bedeutung verlieren. An seiner Stelle strebten die Brahmanen nach Anerkennung ihrer Kaste als der ranghöchsten. Die Brahmanen hielten das Kultmonopol einer Religion, deren Praxis in Opfern an die Götter bestand. Ein kompliziertes Zeremoniell aus kultischen Handlungen, Hymnen und heiligen Formeln wurde nur innerhalb der Kaste weitergegeben. Einzig die Brahmanen kannten die «Veden», Texte, die von den Göttern und ihren Riten kündeten, und konnten die höheren Mächte zu gewünschten Hilfeleistungen veranlassen. Doch die Menschen der neuen Ackerbau- und Stadtkultur hatten zu den Gottheiten, die Naturgewalten verkörperten, nicht mehr die unmittelbare Beziehung früherer Generationen der Viehzüchtergemeinschaft. Im Verlangen der Brahmanen nach Aufwertung ihrer sozialen Stellung erkennt man darum den Versuch, ihrem priesterlichen Stand ein Ansehen zu sichern, das von selbst nicht mehr gegeben war. Ein weitgehend unverständliches Ritual und die Mythen alter Götter boten keine Antworten auf existentielle Fragen, die in dieser Zeit des Umbruchs gestellt wurden.

So entstanden unabhängig vom Kult der Brahmanen eine Vielzahl neuer mythischer und philosophischer Welterklärungen. Diese wurden von Śramaṇen (Śramaṇâ), besitz- und bindungslosen Wanderern, die von den Spenden der seßhaften Bevölkerung lebten, getragen und verbreitet. Steigende Erträge des Ackerbaus, die Städte mit Handwerk und Handel zuließen, gestatteten auch, daß man eine große Bewegung hausloser Wanderer ernähren konnte. Die Gesellschaft der Seßhaften empfand die Hauslosen selten als belastendes Übel. Man begegnete ihnen mit Neugierde und Hochachtung. Für ein Leben, das familiäre Bande, Standespflichten und Besitz hinter sich ließ, bestand in dieser Zeit ökonomischer, sozialer, politischer und religiöser Veränderungen ein starkes Bedürfnis. In den Kreisen der Śramaṇen wurde um neue Wertordnungen gerungen, die zunächst einzelnen Fragenden und später weiten Teilen des Gemeinwesens Orientierung boten. Auch die Brahmanen erreichten ihre Anerkennung als höchste Schicht nur, indem sie für ihre Opferkulte eine philosophische Basis fanden, die sich an Lehren aus den Kreisen der Hauslosen anlehnte, wovon die Literatur der «Upaniṣaden» Zeugnis gibt.

Die Persönlichkeit Gautamas steht in einem Brennpunkt dieser Veränderungen: Als Angehöriger der herrschenden Kriegersippe einer Republik erlebte er das Untergehen dieser alten Ordnung. Als Führer einer großen Bewegung innerhalb der hauslosen Wanderer war er wesentlich an der Kritik überkommener und am Formulieren neuer Werte beteiligt.

Gautamas Familie gehörte zu den Śâkya, einer Kriegersippe, die in der gleichnamigen Republik herrschte. Die Śâkya-Republik hatte ihre volle Souveränität verloren und dem Monarchen von Kośala Gefolgschaft zu leisten. Gautamas Vater Śuddhodana war als gewählter Regent der Republik in deren Hauptstadt Kapilavastu mit dem betraut, was eine beschnittene Autonomie übrigließ, vermutlich dem Vorsitz der Zivilverwaltung, dem Einnehmen von Steuern und der Rechtspflege.

Der Regent einer Republik wurde als «Râja» mit dem gleichen Wort bezeichnet wie die Herrscher der Erbmonarchien. Dies sollte zur Legende führen, Gautama sei Königssohn gewesen. Spätere Epochen verbanden damit all das, was sie sich unter dem Leben eines Prinzen vorstellten. Doch die Paläste, von denen die Überlieferung spricht, waren kaum mehr als Ziegelbauten, die sich von den Lehmhäusern der Stadt durch Ausdehnung und Höhe abhoben. Neben seinen politischen Aufgaben führte ein Râja oft auch seine eigene Landwirtschaft. Im Haus des Râja von Kapilavastu wohnte eine Großfamilie: Śuddhodana war mit den Schwestern Mâyâ und Mahâprajâpatî Gautamî verheiratet, gleichfalls Angehörigen der Śâkya-Sippe. Wahrscheinlich lebten im Haus noch weitere Verwandte und Frauen des Râja. Mit Mâyâ hatte er Gautama zum Kind, mit Mahâprajâpatî Gautamî den Sohn Nanda und die Tochter Sundarînandâ. Neben den Mitgliedern der Familie gehörte Gesinde zum Hof, das am Wohlstand des Râja teilhatte. Gautama erinnert sich: *Während man in den Häusern anderer den Dienern und Knechten ein Essen aus Reisbruch und dann saure Reissuppe reicht, wurde im Haus meines Vaters den Knechten und Dienern ein Essen aus gutem Kochreis und Fleisch gereicht.*[17]

Den klassischen Texten zufolge wurde Gautama geboren, als die schwangere Mâyâ auf der Fahrt von Kapilavastu in ihr Elternhaus war. Während der Rast in einem Hain bei Lumbinî, ein Dorf im heutigen Nepal, kam es zur Niederkunft, bei der sich die aufrecht stehende Mutter an einem Zweig festhielt. Daß die Geschichte von der Geburt auf der Reise eine Erinnerung an Tatsächliches wiedergibt, ist ebensowenig auszuschließen wie die Möglichkeit, späteren Autoren habe die Idee gefallen, den berühmten hauslosen Wanderer unter freiem Himmel das Licht der Welt erblicken zu lassen.

Gautama erhielt den Eigennamen Siddhârtha. Bald nach der Geburt starb Mâyâ, worauf die Schwester Mahâprajâpatî Gautamî, deren Sohn Nanda nur wenige Tager jünger als Gautama war, dem Kind die Mutter ersetzte.

Während Mâyâ sich noch an einem Zweig hält, begießen Götter den neugeborenen Gautama mit wohlriechendem Wasser (Nepal, 9. Jahrhundert; Lalitpur [Nepal], «Archaelogical Gardens»)

Mit dieser Säuleninschrift erläßt der Herrscher Aśoka (3. Jahrhundert v. u. Z.) dem Dorf Lumbinî Steuern, weil Gautama hier geboren wurde

Über Kindheit und Jugend Gautamas gibt es neben Legenden, die wie bei der Schilderung der Geburt im Kern historisches Material enthalten könnten, viele andere, deren interpretierende Absichten erkennbar sind. So spiegelt sich in der Biographie «Lalitavistara»[18] die spätere buddhologische Auffassung, Gautamas Leben sei die Offenbarung eines überweltlichen Buddha in der Menschheitsgeschichte. Diese Darstellung läßt einen über allen Dingen stehenden Buddha sich als Gautama der irdischen Konvention unterwerfen. Die Schilderung seines ersten Schultags ist typisch für den Stil klassischer Lebensbeschreibungen. Gautama nahm «ein Schreibbrett von himmlischer Farbe, das aus bestem Sandelholz hergestellt, mit Gold verziert und überall mit Perlen eingelegt war, und sprach zu seinem Lehrer Viśvâmitra: ‹Welche Schrift, Meister, willst du mich lehren? Die Brâhmî, die Kharoṣṭhî, die Puṣkarasârî, die Schrift von Aṅga, Vaṅga oder Magadha?›» Nachdem er unterschiedlichste Schriften aufzählte, schloß er «mit den Worten: ‹Welche von diesen vierundsechzig Schriften also willst du mich lehren, Meister?› Da staunte Viśvâmitra, der Lehrer des Knaben, lächelte und sprach [...]: ‹Es ist erstaunlich, wie sich

Ob beim Bogenschießen oder in der Schule, Gautama zeichnet sich als der Beste aus (Chinesisches Gemälde)

Gautama und Yaśodharâ werden einander vorgestellt (Gandhâra-Stil [buddhistische Kunst unter griechischem Einfluß], 2. Jahrhundert; London, Victoria & Albert Museum)

das reine Wesen hier auf Erden dem Brauch der Welt anpaßt. Obwohl es alle Lehrbücher bereits studiert hat, ist es doch in die Schule gekommen! Schriften, deren Namen ich nicht einmal kenne, sind ihm geläufig, und doch ist es in die Schule gekommen.›»[19]

Daß Gautama als Krieger Schreiben lernte, ist kaum anzunehmen. Die wenigen authentisch zu wertenden Selbstzeugnisse über sein Leben im Elternhaus sind nüchterner. Sie lassen auf eine behütete Kindheit und Jugend im Luxus der Zeit schließen: *Ich lebte verwöhnt, äußerst verwöhnt, sehr verwöhnt. Beim Haus meines Vaters ließ man mir Lotosteiche anlegen: An einem Ort blühten blaue, an einem Ort weiße, an einem rote Lotosblumen; und dies allein für mich. Ich gebrauchte keine anderen Salben als solche aus Benares. Aus Benares kam das Tuch meiner Kopfbedeckung, meiner Jacke, meines Untergewands, meines Überwurfs. Bei Tag und Nacht hielt man einen weißen Schirm über mich, damit mich nicht Kälte, Hitze, Staub, Grashalme oder Tau belästigten.*[20]

Sechzehnjährig wurde Gautama mit dem Śâkya-Mädchen Yaśodharâ und möglicherweise mit weiteren Frauen verheiratet. Später wird er lehren: *Ich kenne keinen Körper, keine Stimme, keinen Geruch, keinen Ge-*

*schmack, keine Berührung, die das Denken des Mannes so fesseln wie Körper, Stimme, Geruch, Geschmack und Berührung der Frau. Ich kenne keinen Körper, keine Stimme, keinen Duft, keinen Geschmack, keine Berührung, die das Denken der Frau so fesseln wie Körper, Stimme, Geruch, Geschmack und Berührung des Mannes.*[21]

Gautama war in seiner Jugend nicht nur dem Genuß ergeben. Früh muß er sich mit Recht und Verwaltung beschäftigt haben. Daß er sich später als kundiger Organisator und Gesetzgeber seiner Gemeinde sowie als geschickter Taktiker im Ausbreiten seiner Lehre erweist, zeigt, wie er in der Jugend Anteil an den Pflichten der Verwandten nahm. Sein ganzes Leben bleibt er von den Werten des republikanischen Kriegers geprägt: Noch im hohen Alter wird er selbstbewußt dem Heerführer eines Monarchen, der eine Republik angreifen will, davon abraten, weil diese nicht zu erobern sei, solange sie Bräuchen wie regelmäßigen Ratsversammlungen treu bliebe.[22]

Im Lauf seiner Jugend wurde für Gautama die Vergänglichkeit aller Dinge zum beherrschenden Eindruck. Er berichtet: *Als ich früher im Haus lebte, nahm ich, was durch die fünf Sinne ins Bewußtsein tritt: Ich*

Die Begegnungen mit einem Alten, einem Kranken, einem Toten und einem Śramanen führen nach der Legende zum Entschluß Gautamas, in die Hauslosigkeit zu ziehen

*genoß mit dem Auge die sichtbaren Gestalten, mit dem Ohr die Töne, mit dem Riechen die Düfte, mit dem Schmecken die Säfte, mit dem Körper das Berührbare, wie es erwünscht, lieblich, angenehm und begehrenswert ist. [...] Die vier Monate der Regenzeit umgaben mich Musikantinnen, und ich verließ den Palast nicht. Dann erkannte ich der Wahrheit gemäß, wie sinnliche Freuden entstehen und vergehen, was Glück und Leid daran ist und wie man ihnen entkommt.*[23]

Was Gautama hier anspricht, wurde zu einem wichtigen Aspekt seiner Lehre: Die Nichtdauer aller Dinge trübt die Freude an ihnen und läßt sie dem, der über den Moment hinausblickt, als leidvoll erscheinen. Zur Wahrnehmung, daß alle Erlebnisse und Dinge nicht von Dauer sind, trat in der Jugend jene, daß auch er selbst als Mensch ein Vergänglicher ist. In diesem *verwöhnten Leben kam mir der Gedanke: «Ein unwissender Mensch, der selber Alter, Krankheit, Tod unterworfen ist, ohne ihnen entrinnen zu können, ist bedrückt, entsetzt und ekelt sich, wenn er einen Alten, einen Kranken, einen Toten sieht; an sich selber denkt er dabei jedoch nicht. Aber auch ich bin Alter, Krankheit, Tod unterworfen und kann ihnen nicht entgehen. Würde ich, der ich Alter, Krankheit, Tod unterworfen bin, ihnen nicht entgehen kann, beim Anblick eines Alten, Kranken, Toten bedrückt sein, mich entsetzen und ekeln, wäre das nicht richtig.» Indem ich das dachte, schwand mir der Rausch von Jugend, Gesundheit und Leben.*[24]

Dem Wahrnehmen der subjektiven Vergänglichkeit und des flüchtigen Charakters aller Dinge standen spontane Erlebnisse innerer Freiheit gegenüber: *Ich erinnere mich, als mein Vater, der Sâkyer, beschäftigt war, saß ich im kühlen Schatten eines Jambubaumes. Fern von unheilsamen Dingen erlangte [...] ich Freude und Glück [...].*[25] Gautama wollte solche Augenblicke, in denen die Nichtdauer der Welt und des eigenen Wesens keine Rolle mehr spielt, nicht nur zufällig erfahren. Er hoffte, dem Leiden, das er durch die Begierde nach vergänglichen Freuden empfand, durch die Kontrolle und letztlich das Überwinden jeden Verlangens zu entgehen. *Mir wurde klar: Wodurch Glück und Freude entstehen, ist in der Welt Genuß. Aber daß die Welt vergänglich ist, leidvoll und dem Wandel unterliegt, ist ihr Elend. Was aber in der Welt die Beherrschung und das Aufheben der Gier ist, das ist das Entrinnen.*[26]

So verraten Gautamas Betonung der Flüchtigkeit aller Phänomene und sein Wunsch nach einem Aufhören des Verlangens keine Resignation. Im Gegenteil war er überzeugt, daß es jenseits des Werdens und Vergehens andere, höherwertigere Erfahrungen gibt: *Ich strebte [...] nach dem, was dem Gesetz von Geburt, Altern, Krankheit und Tod, von Sorgen und Fehlern unterliegt. Dann dachte ich: Warum strebe ich nach dem, was diesem Gesetz unterliegt? Sollte ich nicht besser, weil ich das Nachteilige daran*

Gautamas Pferd Kanthaka nimmt Abschied von seinem Herrn, der sich als Śramane auf Wanderschaft begibt (Höhlentempel von Yün-kang, China, 5. Jahrhundert)

*erkannte, nach dem streben, was nicht diesem Gesetz unterliegt, nach dem höchsten Frieden [...]?*[27]

Gautama erkannte, wie sich die Suche nach dem, was nicht der Vergänglichkeit unterworfen ist, in den Bindungen einer Familie und seiner sozialen Verpflichtungen kaum verwirklichen ließ. *Da dachte ich: Das Haus ist ein Gefängnis, ein schmutziger Ort. Der Śramane lebt unter freiem Himmel. [...] Soll ich mir nicht Haar und Bart scheren, gelbe* [d. h. Śramanen-]*Gewänder anlegen, um fort in die Hauslosigkeit zu ziehen?*[28] Möglicherweise machte die Familie des Râja eine Zustimmung zu diesen Plänen von der Existenz eines Erben abhängig, denn erst nach der Geburt seines Sohnes Râhula vollzog Gautama diesen Schritt: *Nach einiger Zeit, ich war noch jung und dunkelhaarig, in der ersten Jugendkraft, ließ ich mir gegen den Willen meiner weinenden Eltern Haar und Bart scheren, zog ein gelbes Gewand an und ging fort in die Hauslosigkeit.*[29]

Folgt man der Überlieferung[30], war Gautama bei seinem Weggang 29 Jahre, was in Zeiten niederer Lebenserwartung ein recht hohes Alter bedeutete. Dieser Widerspruch zum Selbstzeugnis, das von *der ersten Jugendkraft* spricht, ist beispielhaft für die Schwierigkeit, Ereignissen in Gautamas Leben eindeutige Altersangaben zuzuordnen. Auch verraten die angeführten Aussagen nicht, welche konkreten Erfahrungen Gautama die Vergänglichkeit ins Zentrum seiner Weltsicht rücken ließen. Spätere Legenden wollen dies erklären, indem sie Gautamas Erzählungen von Vipaśyin, einem Buddha der Vorzeit, biographisch deuten. Vipaśyin, Sohn eines Râja und späterer Buddha, wird auf Vergnügungsfahrten durch Begegnungen mit der Vergänglichkeit dreimal tief erschüttert. Er erblickt einen *alten Mann, giebelförmig geknickt, verkrümmt, auf Krücken gestützt schlotternd dahinschleichen, siech und welk.* Später sieht er einen Kranken *mit Kot und Harn beschmutzt liegen, von anderen getragen und gepflegt.*[31] Schließlich wird er angesichts eines Trauerzugs mit einem Leichnam konfrontiert. Im Gespräch mit seinem Wagenlenker erkennt Vipaśyin, daß er selbst Alter, Krankheit und Tod nicht entgehen kann. Obwohl der Râja jeden Wunsch seines Sohnes erfüllt, um ihn zu halten, nimmt dieser das Treffen mit einem Śramanen als Anlaß, in die Hauslosigkeit zu ziehen.

Es ist möglich, daß eigene Beobachtungen und in der Jugend empfundenes Betroffensein über die Unsicherheit des Lebens in Gautamas Erzählung von Vipaśyin einflossen. Eine wesentliche Ursache der Sensibilität Gautamas für die Nichtdauer ist jedoch in der politischen Situation zu finden. Die Bedrängnis, der sich die Republiken am Fuße des Himalaya von seiten der Monarchien des Gangestales ausgesetzt sahen, dürfte die Stimmung in der herrschenden Schicht stark beeinflußt haben. Der Luxus, den Gautama und die Seinen sich leisteten, stand auf unsicherer

Basis. Nacheinander fielen die Republiken dem Expansionsstreben der Monarchien zum Opfer. Dies muß sich in einer Existenzangst niedergeschlagen haben, einem Gefühl, nichts mehr gewinnen, aber alles verlieren zu können. Gautama wird im Alter noch erleben, daß König Viḍûḍabha von Kośala seine Heimatstadt Kapilavastu zerstört.[32] Daß nach Gautama mancher seiner Verwandten, darunter die Pflegemutter, die Halbgeschwister, der Sohn Râhula und die Vettern Ânanda und Devadatta den Weg in die Hauslosigkeit wählten, spricht für diese Untergangsstimmung. Viele, die später als Śramanen mit Gautama zogen, waren Krieger, nur wenige stammten aus der aufstrebenden Händlerkaste, obwohl aus dieser zahlreiche Anhänger und Förderer Gautamas und seiner Bewegung kamen. Die Freiheit von Besitz und Bindung erschien Gautama wie vielen Kriegern als die Alternative zu einer Freiheit in Reichtum und Macht, deren Tage gezählt waren.

# Der Śramane Gautama

Gautamas Suche nach dem, was nicht dem Gesetz der Vergänglichkeit unterliegt, dauerte sechs Jahre. Bei den Hauslosen kam er mit unterschiedlichen Lehren in Berührung, denn es waren nicht gemeinsame Inhalte, was die Śramanen einte. Das Verbindende bestand im Aufgeben von Stellungen in der Kastenordnung, von Besitz und Pflichten familiären Lebens. Ansonsten vertraten sie einander widersprechende Theorien und Praktiken: Es fanden sich Orakel- und Zauberkünstler, Erlösungslehrer, Philosophen und Asketen.

Dieser gesellschaftlich akzeptierte Stand hausloser Wanderer ist eine Besonderheit der indischen Kultur. Seine Wurzeln dürften im Schamanentum liegen, den Magiern, Priestern und Heilern der drawidischen Ureinwohner, aus deren Körper- und Ekstaseübungen die Traditionen von Yoga und Meditation hervorgingen.

Die zugewanderten Arier hielten zunächst Abstand zu der unterworfenen drawidischen Bevölkerung und deren Bräuchen. Doch im Lauf der Jahrhunderte gingen Teile der Ureinwohner im Kastensystem der Arier auf und drawidische Kulte gewannen Beachtung. Daß die Opferriten und Mythen der Brahmanen durch die geschilderten ökonomischen und sozialen Veränderungen an sinnstiftender Kraft verloren, förderte diese Entwicklung.[33]

Mag die Lebensweise des drawidischen Schamanen anfänglich nur einzelne Arier angezogen haben, bedeutete die Hauslosigkeit zur Zeit Gautamas schon vielen die Alternative zur Immobilität des Kastensystems. Aus dem Krieger oder Händler konnte selbst bei stärkstem Interesse für Religiöses kein den Göttern opfernder Brahmane werden. Doch der Weg ins Śramanentum stand als Freiheit der Kastenordnung gegenüber, die jedem mit der Geburt seine Pflichten zuwies. Der Śramanenstand, in den Gautama eintrat, beschränkte sich längst nicht mehr auf solche, die sich in der Wildnis schamanistischen Disziplinen hingaben. Die archaischen Praktiken hatten sich zu komplexen Systemen entwickelt, und längst fanden Hauslose zu neuen Ideen, die im Widerspruch zu den ursprünglichen drawidischen und arischen Überlieferungen standen und ihrerseits brahmanische Philosophien beeinflußten.[34]

Die Wertschätzung und Unterstützung, der sich die Śramanen in der Bevölkerung erfreuten, lag einerseits daran, daß sich die Verehrung für die magie- und heilkundigen Schamanen auf deren Nachfahren übertrug. Zudem konnte durch die Verschiedenheit seiner Lehren und Praktiken jeder den Śramanenstand als nützlich empfinden: Dem Bauern wurde mit einer Wetterprognose oder einem Fruchtbarkeitszauber gedient, dem Krieger mit einem Bann gegen Pfeilschuß.[35] Dem reichen Händler lehrten Śramanen eine Ethik, die zum glücklichen Weiterleben nach dem Tod führen sollte. Sogar ein despotischer Monarch hätte śramanische Philosophen finden können, die ihm die Angst vor Strafe im Jenseits nahmen. So verkündete Pûraṇa Kâśyapa, ein Zeitgenosse Gautamas, die Folgenlosigkeit sittlichen Handelns für den Täter: «Wer zerstört und zerstören läßt, quält und quälen läßt, Sorge und Not verursacht, schlägt und schlagen läßt, Lebendes tötet, Nichtgegebenes nimmt, in Häuser einbricht, fremdes Gut raubt, stiehlt, betrügt, Frauen verführt, lügt, der lädt damit keine Schuld auf sich. [...] Wer spendend und schenkend am nördlichen Gangesufer entlanggeht, Gaben verteilt und verteilen läßt, hat dafür keinen Verdienst, begeht nichts Gutes.»[36]

Der Śramane Ajita Keśakambala vertrat ein materialistisches Weltbild: «Der Mensch ist bloß aus den vier Elementen gebildet. Stirbt er, geht Erde zu Erde, Wasser zu Wasser, Feuer zu Feuer, Luft zu Luft [...]. Narren und Weise werden mit dem Ende des Körpers zerstört, vergehen, sind nicht mehr nach dem Tod.»[37] Für Kakuda Kâtyâyana war das erfahrbare Dasein nur ein scheinbares Zusammenspiel im Grunde getrennter Substanzen: «Sieben Elemente [...] sind unbewegt, unverändert, berühren sich nicht und sind ohne Einfluß aufeinander. Welche sieben? Erde, Wasser, Feuer, Luft, Lust, Leid und das Leben als siebtes. [...] Sollte jemand mit scharfem Schwert einen Schädel spalten, bringt er nichts Lebendes zu Tode, denn der Schnitt des Schwertes geht zwischen den Grenzen aller sieben Elemente hindurch.»[38]

Letzte Prinzipien zu erkennen, auf die alles Wirkliche zurückgeht, war ein wichtiges Anliegen indischen Philosophierens. Aber es gab auch Śramanen, deren Lehre gerade im Verweigern genauer Erklärungen bestand. Saṃjayin Vairaṭîputra pflegte zu antworten: «Weder sage ich ‹ja› dazu, noch etwas anderes, noch ‹nein›, noch ist es meine Ansicht, daß es nicht der Fall sei, daß es sich nicht so verhalte.»[39] Derart spekulierende oder skeptische Theoretiker zogen Gautama ebensowenig an wie Śramanen, die sich mit Wahrsagen, Geisterbannung oder Zaubersprüchen befaßten. Sein Problem der Nichtdauer alles Seienden war ein religiöses. Theistische Ansätze boten eine Lösung, die ihn nicht befriedigte. Śrama-

Kopf eines Buddha im Gandhâra-Stil (3. Jahrhundert; Lahore, Sammlung des Archaeological Department of Pakistan)

nen, die alles auf die Schöpfung des Gottes Iśvara zurückführten, entgegnete er: *Also wären Menschen auf Grund der Schöpfung Iśvaras Mörder, Diebe, Schamlose, Lügner, Zwischenträger, Schimpfbolde, Schwätzer, Habgierige, Gehässige und Irrende.*[40]

Gautamas Leiden an der Vergänglichkeit verlangte keine Erklärungen, sondern Erfahrungen, die über das Vergängliche hinauswiesen. Einige Śramanen boten Erlösungslehren an, die solche Erfahrungen versprachen. Sie gingen dabei von der Idee der Wiedergeburt aus, nach der das Sterben jedes Wesens zu neuer Geburt führt.

Die Idee der Wiedergeburt hat einen Ursprung wohl in animistischen Vorstellungen der Drawiden. Ihre Entwicklung bis zu Systemen in der Epoche Gautamas läßt sich nicht genau dokumentieren. Man darf annehmen, daß sie von frühen Vorstellungen einer Belebtheit der gesamten Umwelt und der Heiligkeit bestimmter Tiere ausging, die sich mit solchen eines Fortlebens der Ahnen in der Natur verbanden. Als sich im Lauf der Geschichte der Mensch zunehmend als Persönlichkeit erlebte, entfalteten sich Ideen der konkreten Wiederkehr des einzelnen als Mensch, Tier oder in mythischer Gestalt wie Gott, Geist oder Dämon. Sicher trug dazu die Beobachtung natürlicher Rhythmen bei. Die jährlichen Überschwemmungen des Ganges zur Regenzeit erforderten regelmäßig einen Beginn, bei dem Felder neu einzuteilen und Behausungen wieder zu errichten waren.[41]

Als Subjekt der Wiedergeburt stellten sich die Erlösungslehrer ein dauerhaftes Prinzip im Menschen vor, das Opfer immer neuer Geburten in der vergänglichen Welt wäre. Die Annahme eines Unveränderlichen im Menschen konnte ursprünglich von der Erfahrung ausgehen, daß das Werden und Vergehen in der Natur sowie das Altern des eigenen Leibes von etwas wahrgenommen wurde, das selbst scheinbar unbeweglich die Bewegungen der Welt registrierte. Dieses vermeintliche Dauerhafte wurde unter anderem als «Jîva» oder «Âtman» bezeichnet. Über seinen Ursprung und die Art und Ursache seiner Verbindung mit immer neuen Körpern gab es verschiedene Theorien.[42] Unter der Perspektive, daß seit anfanglosen Zeiten ein flüchtiges Leben auf ein nächstes folgt, betrachteten die Erlösungslehrer die Wiedergeburt als leidvoll und sinnlos. Sie zeigten ihren Schülern Methoden, sich vom Kreislauf von Tod und Neugeburt zu befreien.

Nicht nur Erlösungslehrer vertraten zur Zeit Gautamas die Vorstellung der Wiedergeburt. Für den Śramanen Maskarin Gośâlîputra durchlief ein Wesen nach einer zwingenden Ordnung den Weg durch viele Lebensformen. Da der Prozeß der Wiedergeburt dann von selbst endete, wäre ein Streben nach Erlösung davon nicht zielführend: «Wie ein hingeworfenes Garnknäuel nur abrollt, indem es sich abwickelt, genauso erlangen Toren wie Weise ein Ende des Leidens nur, indem sie den Kreislauf der Geburten vollenden.»[43] Gleichgültig, was der Mensch versuchte, es hätte keinen Einfluß auf die feststehende Zahl und Qualität der aufeinanderfolgenden Existenzen. Für Gautama, der Śramane wurde, um das Dauerhafte aktiv zu suchen, *gilt die Lehre des Maskarin als die schlechteste, weil Maskarin, dieser törichte Mensch, lehrt und meint, daß es keine* [erlösungswirksame] *Tat [...] gibt*[44].

Verbreiteter war die Ansicht, daß das Wirken (Karma) früherer Leben die Qualität des gegenwärtigen bestimmt wie auch augenblickliches Tun die Umstände künftiger Existenzen prägt. Demnach verursacht der Mensch durch das Tun von Gutem oder Bösem für künftiges Dasein positive oder negative Situationen. Diese Lehre vom Wirken (Karma) und dessen Folgen für die Zukunft hat zwei sich widersprechende Aspekte: Zeigt sie zum einen das erwachende Bewußtsein einer Verantwortlichkeit für das persönliche Handeln und dessen Konsequenzen, lassen sich zum anderen damit alle Arten sozialer, materieller oder physischer Ungleichheit nicht nur erklären, sondern auch rechtfertigen. Die Geburt in einer armen oder reichen Familie, Schönheit oder Behinderung konnten mit dem Hinweis auf gutes oder schlechtes Wirken in früheren Leben erklärt werden. Entsprechend eigneten sich die Brahmanen diese Lehren später zur Legitimierung der Kastenordnung an.[45] Im extremen Fall kam es zur Meinung, alles, was dem Menschen im gegenwärtigen Leben zustoße, sei Auswirkung vergangener Taten. Gautama kritisierte diese Anschauung: Wäre alles von vorherigen Ursachen bestimmt, träfe dies auch auf das zu, was im Augenblick als absichtsvolle Tat erscheint. Das künftiges Schicksal bestimmende Wirken wäre damit selbst Auswirkung früheren Handelns. Willentliches Tun und Lassen wäre unmöglich. Jene, die ihre gegenwärtige Situation und ihr Handeln als Wirkungen früherer Taten erklärten, galten Gautama als *geistig Unklare und unbeherrscht Lebende*[46], die eine mechanische Welt dem Bekenntnis zur momentanen Tat vorziehen.

Für die Erlösungslehrer stand hingegen das menschliche Tun und Lassen im Mittelpunkt. Nur wenn es die Freiheit gibt, Handlungen zu vollziehen, die nicht durch Vorangehendes bestimmt sind, ist ein Ausbrechen aus dem Kreislauf von Geburt und Tod denkbar. Gautama schloß sich nacheinander Ârâḍa Kâlâma und Udraka Râmaputra an, zwei Erlösungslehrern, die beide behaupteten: «Meine Lehre ist so, daß sie ein verständiger Mensch rasch begreift und sich selbst zum Meister werden kann.»[47] Ârâḍa Kâlâmas Weg soll in *die Sphäre des Nichts*, jener des Udraka Râmaputra in die *Grenzsphäre von Wahrnehmung und Nichtwahrnehmung* geführt haben.

Diese Begriffe finden sich im Buddhismus später im Rahmen der *vier gestaltlosen Sphären*[48], deren Zusammenhang Rückschlüsse auf die Übungen der Lehrer Gautamas ermöglicht. Die *vier gestaltlosen Sphären* hängen im Ursprung wahrscheinlich mit den meditativen *Übungen der Ganzheit*[49] zusammen, die ihrerseits wohl auf schamanistische Ekstasepraktiken zurückgehen: Der Übende fixiert eine einfarbige Scheibe, eine Wasserfläche oder ein Feuer, bis er bei geschlossenen Augen ein Bild davon als innere Wahrnehmung festhalten kann. Das Bild dehnt er in seiner Vision ins Grenzenlose, um einen Eindruck von der *Sphäre der Unendlichkeit des Raumes* zu gewinnen. Diese Erfahrung soll bei konsequenter Übung zum Erlebnis der *Sphäre der Unendlichkeit des Bewußtseins* führen, weil nur ein unendliches Subjekt ein unendliches Objekt erfassen kann. Da die Wahrnehmung eines unendlichen Raumes letztlich keine Objekte mehr kennt, hat der Übende im Fortschreiten das Empfinden, nichts mehr wahrzunehmen: Er gelangt in die *Sphäre des Nichts*. Was nach Ârâḍa Kâlâma als Dauerhaftes die vergängliche Welt überstieg, war also das Gewahrsein, das differenzierte Wahrnehmen hinter sich gelassen zu haben. Noch weiter ging Udraka Râmaputra, dessen Methode zur *Grenzsphäre von Wahrnehmung und Nichtwahrnehmung* führte, einem Zustand, bei dem auch der Eindruck verschwindet, man habe zuvor wahrgenommen.

Wie es heißt, verwirklichte Gautama die Lehren dieser Śramaṇen nach kurzer Zeit, worauf sie ihm führende Stellungen in ihren Gemeinden anboten. Doch Gautama akzeptierte derartige psychische Ausnahmezustände, die im Rückzug auf einen letzten Rest an Subjektivität bestanden, nicht als Weg aus den Wiedergeburten. Die *vier gestaltlosen Sphären* betrachtete er als jenseitige Gebiete, die den dort wiedergeborenen Wesen zwar ein langes, doch gleichfalls vergängliches Dasein bringen.[50] Nach diesen Erfahrungen findet sich Gautama unter Śramaṇen, die Erlösung von der Wiedergeburt oder eine Verbesserung in der Hierarchie der Wesen mittels extremer Askese erreichen wollten. Manche hofften, durch konsequentes Annehmen tierischer Verhaltensformen unter den Göttern geboren zu werden: Hundeasketen krochen auf allen vieren, kauerten zum Schlafen und aßen nur am Boden Liegendes. Auch andere Tiere wurden in der Hoffnung imitiert, die Erniedrigung zu Lebzeiten führe nach dem Tod zum Aufstieg.[51] Vielleicht erprobte Gautama zeitweilig Ähnliches, denn er berichtet: *Ich ging zu den Ställen der Rinder, wenn die Hirten fort waren, ernährte mich von der Ausscheidung junger, saugender Kälber. Auch was in meinem Kot nicht verdaut war, nahm ich zu mir.*[52]

Weitere asketische Vorstellungen besagten, daß ein Verachten des vergänglichen Körpers die Befreiung des an ihn gebundenen Dauerhaften bewirke. Gautama versuchte sich auch auf diesem Weg. *Das war meine Qual: Ich lief nackt [...]. Mehrjähriger Schmutz war auf meinem Körper zur Schicht wie an einem Baumstumpf geworden. Ich dachte nicht daran, mich vom Schmutz zu säubern oder säubern zu lassen.*[53] Vielleicht begab er sich damit selbst in der an Sonderbarkeiten reichen Welt der Śramanen auf abseitige Pfade, denn es begegnete ihm Spott. *Ich ging auf ein Leichenfeld und machte mir ein Lager aus Knochen. Da kamen Hirten und bespuckten mich, urinierten auf mich, warfen mit Kot nach mir und steckten mir Grashalme in die Ohren.*[54]

Eine asketische Bewegung im Indien Gautamas, die der Jainas[55], an

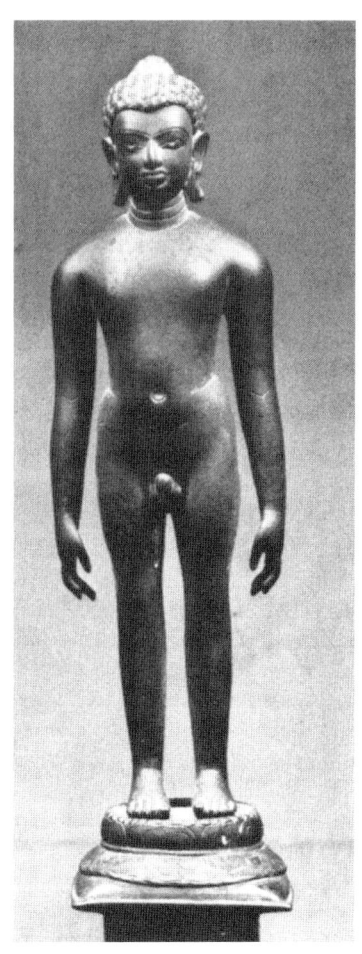

Mahâvîra, der Führer der Jainas, wird seiner asketischen Übung entsprechend unbekleidet dargestellt (Indien, 8. Jahrhundert; Ithaca, NY, Sammlung der Cornell University)

deren Spitze der Erlösungslehrer Mahâvîra stand, existiert bis heute. Gautamas Beschreibungen von Übungen, die er gegen Ende seiner Suche vornahm, legen den Schluß nahe, daß es sich um jainistische oder von diesen inspirierte handelte.[56] Wie Mahâvîra lehrte, wird die Verbindung des Dauerhaften, des Jîva, mit immer neuen vergänglichen Körpern durch die Tat (Karma) bewirkt. Jede Handlung des Menschen verknüpft Jîva und Körper enger miteinander und trägt dazu bei, daß nach dem Tod der Jîva in einen neuen Leib eingeht. Auch unabsichtlichen Taten schrieb man diese Wirkung zu, sah etwa das versehentliche Zertreten eines Insekts als Akt des Tötens, der die Erlösung verhindert und sich in einer künftigen Wiedergeburt leidvoll auswirkt. Der jainistische Śramane bemühte sich deshalb, seinen Fuß nur dort aufzusetzen, wo er kein Tier zertreten könnte. Auch Gautama unterwarf sich dieser Disziplin: *Ich nahm meine Schritte aufmerksam und achtete voller Mitleid sogar auf einen Wassertropfen, um nicht kleine Lebewesen zu verletzen, die sich darin verirrten.*[57]

Um den Jîva vom Körper zu trennen, also künftige Wiedergeburt zu vermeiden, versuchten die Asketen der Jainas, lebenswichtige Körperfunktionen wie Atmen und Nahrungsaufnahme zu unterdrücken oder einzuschränken. Gautama übte, das Atmen durch Nase oder Mund so lange wie möglich auszusetzen. Er beschreibt, wie dies zum Empfinden führte, daß ihm Luft durch das Ohr ausströmte. Als ihm die Kontrolle darüber gelang, schien ihm, die Atemluft trete aus Händen und Füßen.[58] Die Versuche führten zu Schmerzen, *als ob ein starker Mann mit dem Dolch den Schädel anbohrte [...], als ob ein Schlächter mit dem Schlachtmesser den Bauch aufschnitte [...], als ob von zwei starken Männern in eine Grube glühender Kohlen geworfen*[59].

Das höchste Ideal des Jaina-Asketen war ein bewußtes Verhungern, das dokumentierte, wie man jedes Verlangen nach körperlicher Existenz hinter sich ließ. Damit galt die Wiedergeburt als aufgehoben; der ewige Jîva hatte seine Verbindungen mit der vergänglichen Welt gelöst. Gautama begann, seine Mahlzeiten auf geringste Mengen zu reduzieren. *Durch die spärliche Nahrung wurde ich sehr mager. Wollte ich meine Bauchdecke berühren, kam ich an die Rückenwirbel; wollte ich meine Rückenwirbel berühren, kam ich an die Bauchdecke. So eng lag mir durch die spärliche Nahrung die Bauchdecke auf den Rückenwirbeln. Wollte ich Kot und Urin entleeren, stürzte ich* [aus Schwäche] *nach vorne. Als ich, um den Körper zu stärken, mit der Hand die Glieder rieb, fiel mir durch die spärliche Nahrung das wurzelfaule Körperhaar aus.*[60]

Gautamas rigoroses Üben ließ ihn anderen Asketen zum Vorbild werden. Fünf Śramanen begleiteten ihn, Kauṇḍinya, Aśvajit, Vâspa, Mahânâma und Bhadrajit, die meinten: «Wenn der Śramane Gautama die

Während der Zeit seines extremen Fastens magerte Gautama bis auf die Knochen ab (Skulptur aus Thailand)

Wahrheit findet, wird er sie uns mitteilen.«[61] Doch dieser zweifelte am eingeschlagenen Weg. Obwohl er sicher war, *die äußerste Qual, die je ein Śramane verwirklichte*, auf sich genommen zu haben, fühlte er sich seinem Ziel nicht näher.[62] Die Todesnähe, in die ihn sein Fasten gebracht hatte, konfrontierte ihn mit der Vergänglichkeit des Körpers, ohne die ersehnte Erfahrung der Befreiung zu bringen. Der Weg der Askese schien sinnlos. Später wird Gautama über die Selbstquälerei der Jainas sagen, daß sie unter keinen Umständen befriedigend begründbar ist: *Hängen*

*Glück und Leid vom Wirken in früheren Leben ab, waren die Jainas früher Übeltäter, weil sie jetzt so viele Leiden erdulden. Werden Freude und Leid von einem Schöpfer bestimmt, schuf ein böser Schöpfer die Jainas. Hängen Freude und Leid vom Zufall ab, widerfuhr den Jainas ein böser Zufall. Verursacht die Geburt Freude und Leid, haben die Jainas schlechte Geburt getroffen. Hängen Freude und Leid vom Bemühen in diesem Dasein ab, ist das Bemühen der Jainas in diesem Dasein übel.*[63] Gautama entschied, wieder normal zu essen, wodurch er seinen fünf Gefährten ihr asketisches Vorbild nahm. Sie verstanden seinen Gesinnungswandel nicht und verließen ihn.

Das Abrücken von der Askese ist nach seinem Entschluß, Śramane zu werden, der zweite große Wendepunkt im Leben Gautamas. Wie er sich vom Luxus, den der Wohlstand im Haus des Râja bot, getrennt hatte, ließ er jetzt die leidvollen Praktiken der erlösungssuchenden Śramanen hinter sich. Sein Anliegen wurde ein *mittlerer Weg*[64] aus den Leiden der Vergänglichkeit, der die Extreme von Weltlichkeit und Entsagung vermeidet.

# Erwachen

Der nach Erlösung suchende Śramane lebte auf den Augenblick hin, in dem er sich von der Wiedergeburt befreit fühlen durfte und nicht länger an der Vergänglichkeit litt. Besondere Bedeutung haben die Befreiungserlebnisse berühmter Śramanen wie Mahâvîra und Gautama. Ihr Übersteigen von Geburt und Tod war für die Anhänger zugleich der heilige Moment, in dem der Meister den wahren Ausweg aus dem Kreislauf der Wiedergeburten fand und seine überragende Weisheit erlangte.

Gautamas Entdeckung des *mittleren Weges* wird *Erwachen*, er selbst seither *der Erwachte*[65] genannt, Worte, die andeuten, daß er sich aus dem Traumdasein des in Freude und Elend der Nichtdauer taumelnden Menschen erhob. Die Überlieferung projizierte in dieses Erwachen nachträglich die wesentlichen Teile der Lehre Gautamas. Was sich ihm wahrscheinlich im Lauf einer längeren Entwicklung erschloß, sah man als direkte Inhalte des entscheidenden Erlebnisses. Die Berichte über das Ereignis sind daher von begrifflichen Darlegungen geprägt, die zwar seine Folge, aber kaum sein Gegenstand gewesen sein dürften. Da sich derartige Erfahrungen zulänglicher Beschreibung entziehen, enthalten die Texte viele mythische Elemente, die das Geschehen bildhaft wiedergeben.

Das Erwachen soll sich an einem Tag vorbereitet und in der folgenden Nacht ereignet haben.[66] Während der Zeit seiner Suche war Gautama *im Lande Magadha von Ort zu Ort gewandert und kam bis nahe zur Festung Uruvilvâ. Dort sah ich einen schönen Flecken, einen freundlichen Hain, mit klarem Fluß, gut zum Baden.*[67] Hier, am Fluß Nairañjanâ in der Umgebung des heutigen Dorfes Bodh-Gayâ, hielt er sich auf, als er durch das Fasten ausgezehrt mit dem Tod konfrontiert war. Diesen personifiziert die Schilderung[68] als Mârâ («Tod»), eine Gestalt, die eifersüchtig darüber wacht, daß die Wesen im Kreislauf der Wiedergeburten unterworfen bleiben. Wie Gautama berichtet, sprach Mârâ zu ihm: «Hager und häßlich siehst du aus, dem Sterben nahe. Tausend deiner Teile sind schon tot, nur eines noch lebt.»[69] Mârâ erbot, ihn zu verschonen, wenn er sein Streben aufgeben würde. Aber Gautama beharrte, den Ausweg aus dem Kreislauf von Geburt und Tod zu suchen. Als sich Mârâ zurückzog, erkannte Gautama, wie alle Selbstquälerei zu nichts geführt hatte. Er fragte sich, *ob es vielleicht einen anderen Weg gibt*[70] und fand die Antwort in der Erinnerung an ein Jugenderlebnis. Die Begebenheit, die ihm einfiel, spielte wahrscheinlich eine wichtige Rolle in der Entwicklung, die ihn Śramane werden ließ: *Als mein Vater, der Śâkyer, beschäftigt war, saß ich im kühlen Schatten eines Jambubaumes. Fern von Begierden, fern von unheilsamen Dingen erlangte ich die erste Vertiefung [...] bestehend in Freude und Glück. [...] Infolge dieser Erinnerung wußte ich: Dies ist wirklich der Weg zum Erwachen.*[71]

Daß sich damit eine Alternative zur Askese zeigte, führte zum Entschluß, das Fasten aufzugeben. Gautama konnte sich sogleich mit Milch-

Der Tempel des Großen Erwachens (Mahâbodhi-Tempel) in Bodh-Gayâ erinnert an den Ort, wo Gautama seine Erkenntnisse gewann

Ein steinerner Sitz zeigt an der Außenmauer des Mahâbodhi-Tempels jene Stelle an, wo Gautama erwacht sein soll

reis stärken, den Sujâtâ, eine vorüberkommende Frau aus einem nahen Dorf, dem abgemagerten Śramanen anbot. Wieder zu Kräften gelangt, beschäftigte er sich für den Rest des Tages mit der neuen Art des Übens, die ihm seine Erinnerung nahelegte.

Die gelöste Stimmung des Jugenderlebnisses war den bisherigen Qualen von Fasten und Atemunterdrückung entgegengesetzt. Gautama, der mit der Ideologie lebte, daß gegenwärtige Qual zu künftigem Glück führe, zweifelte zunächst an einem mit freudigen Empfindungen verbundenen Weg: Er *fürchtete* sich vor dem glücklichen Gefühl, akzeptierte es aber schließlich, weil es *fern ist von Begierden und unheilsamen Dingen*[72].

Zwischen Gautamas Praxis in den sechs asketischen Jahren und dem Weg, zu dem die Erinnerung riet, bestand ein wesentlicher Unterschied. Die Erlösungslehren forderten ein angestrengtes Verändern der gegenwärtigen Bedingungen des Menschen durch Unterdrückung natürlicher Funktionen wie Atmen und Nahrungsaufnahme, Disziplinierung des Körpers oder das Herbeiführen psychischer Ausnahmezustände. Gautamas Jugenderlebnis war hingegen dadurch gekennzeichnet, daß nichts verändert, nichts erstrebt wurde. Es war das Verweilen *im kühlen Schatten eines Jambubaumes*, also an einem angenehmen Ort, *fern von Begierde*, das heißt in einem Zustand wunschlosen Glücks. Gautama saß zufrieden mit dem, was gerade war. Er nahm es wahr, wünschte nichts mehr, wollte nichts an der momentanen Wirklichkeit korrigieren. In einer solchen Situation ist der Mensch ganz auf Unmittelbares konzentriert, beschränkt sich auf das einfache Gewahrsein seiner selbst, seines Sitzens, Atmens, augenblicklichen Denkens und Fühlens.[73] Seiner Erinnerung folgend, versuchte Gautama, wieder derart wunschlos wahrzunehmen. Dabei kam es zu einem inneren Erlebnis, das er als den Vorgang der *vier Vertiefungen*[74] beschrieb.

Die *erste Vertiefung*, die dem Erlebnis der Erinnerung entsprach, war ein von Begierde, also dem Wunsch nach Veränderung des Augenblicks, freier Zustand. Die Gedanken verknüpften sich mit dem unmittelbaren Wahrnehmen: War etwa das Atmen Gegenstand der Wahrnehmung, kreiste das Denken um diesen Vorgang und registrierte die einzelnen Atemzüge. Dieses ungezwungene Zulassen des Reflektierens in der Übung war neu. Zum asketischen Weg hatte es gehört, neben den anderen vitalen Funktionen auch das Denken zu unterbinden, wie Gautama über die Zeit seines Suchens berichtet: *Ich preßte die Zähne aufeinander, legte die Zunge an den Gaumen und unterdrückte das Denken, drückte und quälte es nieder. Schweiß floß aus meinen Achseln, als faßte ein starker Mann einen schwächeren bei Kopf und Schultern.*[75] Diesem schmerzhaften Vorgehen standen in der neuen Form des Übens *körperliches Wohlgefühl* und *freudige Emotionen* gegenüber.

Gautama erfuhr dann, wie das Denken, wenn er es in einem derart stillen und konzentrierten Zustand zuließ, nach einiger Zeit von selbst zur Ruhe kam. Eine weiterhin von Glücksgefühl und Freude begleitete *innere Gestilltheit* stellt sich ein. Dies bezeichnete er als *zweite Vertiefung*.

Mâra und sein Gefolge versuchen, Gautamas Vertiefung zu stören (Ajaṇṭâ, Indien, 5./6. Jahrhundert)

Die *dritte Vertiefung* war von *Gleichmut* bestimmt: Aufmerksam blieb er dessen gewärtig, was vorging. Ungetrübt von Gedanken oder Wünschen nahm er einfach wahr. Die freudigen Emotionen klangen dabei ab, während das körperliche Glücksgefühl fortbestand.

Schließlich ließ er dieses auch hinter sich, um mit der *vierten Vertiefung*

Gautama ruft die Erde zum Zeugen und besiegt Mâra
(Thailand, 13./14. Jahrhundert; Ayuthyâ, Nationalmuseum)

einen Zustand zu erfahren, der nur noch von Gleichmut und reinem Gegenwärtigsein bestimmt war: Er nahm einfach wahr, was ist. Weder Gedanken noch Erwartungen, weder Leid noch Freude trübten sein Auffassen des Augenblicks. Gautama widmete sich den Tag über diesen Vertiefungen.[76] Denken oder Glücksempfindungen, gegen die er als Asket kämpfte, um sich nicht an Welt und Wiedergeburt zu binden, wurden ihm zu motivierenden Faktoren. Schrittweise verloren diese im Vorgang des Vertiefens an Bedeutung, um einem konzentrierten Zustand reinen Gewahrseins Platz zu machen. Am Abend setzte sich Gautama mit gekreuzten Beinen unter einen Baum und gelobte, nicht eher aufzustehen, bis eine Erlösung erwirkt wäre. Da trat nochmals Mâra, der Tod, an ihn heran. Auf die verwunderte Frage, warum sich Gautama nicht vor ihm fürchtete, antwortete dieser, die Gebefreudigkeit und andere Tugenden, die er in einem früheren Leben praktizierte, ließen ihn heute standhaft sein. Als Mâra zweifelte und wissen wollte, wer dies bezeugen könnte, sprach Gautama: *Diese weite Erde sei mein Zeuge, indem sie in sechs mal sieben Stößen erbebe.*[77] Darauf erhob sich ein dröhnendes Erdbeben. Diese Legende führte zu einer häufigen Darstellung Gautamas in der Kunst: Mit seiner rechten Hand berührt er sitzend die Erde, die er so als Zeugin ruft. Die Überlieferung stellte den mythischen Bericht vom Triumph über Mâra vor jenen des Erwachens, weil Erlösung von den Wiedergeburten zugleich ein Besiegen des Todes bedeutet, der als die andere Seite der Geburt erscheint.

Mit der vierten Vertiefung erwarb Gautama das Vermögen, vollkommen in der Gegenwart zu sein, ohne in Gedanken oder mit weiterreichenden Begierden darüber hinauszustreben. Als die Nacht hereinbrach, wandte er sich mit dieser Fähigkeit zur Konzentration dem Ausgangspunkt aller Erlösungslehren zu, seiner Verstrickung in den Kreislauf der Wiedergeburten, womit er das Erwachen auslöste. Indem er seine Aufmerksamkeit auf das *Vergegenwärtigen vormaliger Existenzen* richtete, traten nacheinander die Biographien früherer Leben in sein Bewußtsein: *Dort lebte ich in dieser Familie. Das waren mein Stand, Beruf, Glück und Leid. Das war mein Tod, und dort gestorben, kam ich hier wieder zum Dasein.*[78] Schließlich war er sich hunderttausend vorangegangener Leben bewußt, womit seine Erinnerung über den zeitlichen Anfang dieser Welt hinaus in zuvor existierende Welten reichte. Er sah, daß – wie ein Leben auf das nächste – auch die Welten in endlosem Vergehen und Entstehen aufeinanderfolgen.

Als nächstes wandte sich Gautama den Gesetzen der Wiedergeburt zu. Er betrachtete das *Verschwinden und Erscheinen der Wesen*, um zu erkennen, wie solche *Wesen, die in Gedanken, Worten und Taten schlecht wirkten,* [...] *nach dem Tod in die untere Welt gelangen*, während jene, die gut handelten, eine günstigere Wiedergeburt fanden. Gautama sah so, wie die Menschen durch ihr Wirken (Karma) zum Verlauf des eigenen Schicksals beitragen und entsprechend im Kreislauf der Wiedergeburten einem ständigen Auf und Ab unterworfen sind. Schließlich richtete Gautama seine Aufmerksamkeit auf das Aussteigen aus dem Kreislauf der Wiedergeburten, auf das *Vernichten der Einflüsse*, wie er es in jainistischer Terminologie bezeichnete. Die Jainas erklärten die Beziehung des dauerhaften Jîva zu vergänglichen Leibern damit, daß im Zuge körperlicher Handlungen feinmaterielle Substanzen in den Jîva hineinfließen, die

Mucalinda, ein König der Nâgas, schlangengestaltiger Naturgeister, schützt Gautama vor dem Unwetter (Thailand, 13. Jahrhundert; Bangkok, Nationalmuseum)

ihn an die Welt binden. Das Vernichten dieser Einflüsse (âsrava) war daher die Befreiung des Jîva von der Wiedergeburt. Gautama hatte schon aufgegeben, durch Unterdrücken von Handlungen die Einflüsse zu unterbinden. Sein Überwinden der Wiedergeburt vollzog sich durch die Erkenntnis der Wahrheit. Die Überlieferung gibt dies mit der Formel der *Vier Edlen Wahrheiten* wieder, einem in buddhistischen Texten häufigen Kürzel für Gautamas Lehre: *Dies ist das Leiden, dies ist das Entstehen des Leidens, dies ist das Aufheben des Leidens, dies ist der Pfad, der zum Aufheben des Leidens führt.* Die Idee, daß die unmittelbare und konzentrierte Betrachtung einer Sache dahinterliegende Bedingungen und Prinzipien offenbart, wurde zu einer wesentlichen Anschauung des Buddhismus. Nachdem er so das Dasein als Abfolge von Geburt und Tod, die ihm zugrunde liegenden Gesetze und einen Ausweg erkannte, wußte Gautama: *Der Kreislauf der Wiedergeburten ist beendet.*[79]

Auffällig an der Schilderung des Erwachens ist, daß sich kein Wort über die Befreiung eines Jîva oder Âtman von der Wiedergeburt findet. Es heißt nicht, Gautama hätte hinter der vergänglichen Welt etwas Dauerhaftes entdeckt. Vielmehr bildete gerade die Vergänglichkeit den Inhalt des Erwachens, den Prozeß der Wiedergeburt, das Vergehen und Entstehen der Welten. Auch die *Vier Edlen Wahrheiten*, als Weg aus der Wiedergeburt, sprechen als Ziel nicht vom Finden eines Dauerhaften, sondern vom *Aufheben des Leidens*. So unterschied sich nicht nur der Weg, den Gautama gewählt hatte, sondern auch das Ziel grundlegend von dem anderer indischer Erlösungslehrer.

In den sieben Tagen, die auf das Erwachen folgten, erwog Gautama das Erlebte.[80] Er fand zu einer Deutung der Wiedergeburt, die seinen neuen Erfahrungen entsprach: Nicht ein unveränderlicher Jîva oder Âtman wandert in verschiedenen Gestalten durch Tod und Geburt, vielmehr bringt ein anfang- und endloser Vorgang des Werdens immer neue Gestalten hervor. Was aufeinanderfolgende Leben verbindet, ist kein gleichbleibendes Wesen, sondern ein unausgesetztes Fließen, in dem ein vergängliches Wesen nach dem anderen entsteht. Das Werden und Vergehen der Gestalten ist dabei kein willkürliches; es vollzieht sich nach der Gesetzmäßigkeit, daß die Qualität des gegenwärtigen Wirkens (Karma) jene des künftigen Daseins prägt. Diese Zusammenhänge brachte Gautama in der Nacht des siebten Tages nach dem Erwachen in die Form des Lehrsatzes vom *Bedingten Entstehen*, seine Erklärung für den Wiedergeburtsvorgang, die zur philosophischen Kernlehre des Buddhismus wurde. In der zweiten Woche nach dem Erwachen kam ein Brahmane vorbei. Gautama belehrte ihn darüber, was den wahren Brahmanen ausmache, nämlich nicht die Geburt in einer Kaste, sondern das Bezwingen des Schlechten in sich. Es scheint, als wollte die Überlieferung damit ein Leitmotiv des wei-

Gautama und Mucalinda (Kambodscha, 11. Jahrhundert)

teren Wirkens Gautamas im Bericht vom Erwachen anklingen lassen: Nicht Geburtsrecht zählt, sondern nur das eigene Streben.

Während der dritten Woche regnete es ununterbrochen. Gautama saß in Niederschlag und Wind. Doch der Mythos zeigt, wie das Treiben der Welt einen Buddha nicht zu stören vermag: Mucalinda, ein König der Nâgas, schlangengestaltiger Naturgeister, schützte Gautama vor den Wassern. Der buddhistischen Kunst wurde es ein beliebtes Motiv, wie der Nâgakönig mit der Haubenkrone seiner sieben Köpfe Gautama beschirmt.

Nach dem Unwetter kam eine Handelskarawane des Weges. Zwei Kaufleute, Trâpuṣa und Bhallika, boten Gautama ihre beste Speise zur Stärkung an. Sie zeigten sich von seiner Persönlichkeit so beeindruckt, daß sie sich, bevor sie weiterzogen, spontan zu ihm als ihrem Lehrer bekannten. Gautama hatte bislang nicht daran gedacht, seine Erkenntnisse mit anderen zu teilen. Spätestens die Begegnung mit den Händlern warf nun die Frage auf, ob er das Gefundene weitergeben sollte. Er zweifelte, ob seine Erfahrungen für andere begreifbar wären: *Wenn ich die Lehre verkündete und nicht verstanden würde, brächte mir dies* [sinnlose] *Erschöpfung und Mühe.*[81] Wiederum greift die Erzählung zum Mythos. Brahma Svayampati, ein mächtiger Gott, nahm in seiner Himmelswelt diese Gedanken wahr und erschien «mit der Schnelligkeit, mit der ein starker Mann seinen Arm ausstreckt», vor Gautama. In einer Geste der Ehrfurcht entblößte der Gott eine Schulter, kniete nieder und bat Gautama seine Lehre zu verkünden. Wenn es auch nur wenige wären, die verstehen könnten, sollte er um deretwillen tätig werden.

Diese Episode zeigt Gautamas Auffassung, daß die Götter vergängliche Wesen im Kreislauf der Wiedergeburten sind, auch wenn ihre Macht größer als die des Menschen und ihre Lebensdauer länger ist. Weil ein Buddha über Werden und Vergehen hinausgelangte, wird er als «Lehrer der Götter und Menschen» verehrt. Gautama gab der Bitte des Gottes mit dem Ausspruch statt: *Das Tor des Todlosen sei geöffnet, wer Ohren hat, höre und vertraue!*[82]

Als ersten wollte er den ehemaligen Lehrern Ârâḍa Kâlâma und Udraka Râmaputra seine Erkenntnisse mitteilen, doch Götter berichteten ihm, beide wären schon gestorben. Darauf beschloß er, nach Benares zu gehen, um die fünf Gefährten zu suchen, die ihn einen Monat zuvor verlassen hatten. Auf dem Weg begegnete ihm Upaga, ein asketischer Śramane, der beeindruckt fragte: «In heiterer Ruhe strahlen deine Züge. [...] Wer ist dein Meister, wessen Lehre folgst du?» Als Gautama antwortete, er selbst habe den Weg zum Erwachen gefunden und niemand auf der Erde und unter den Göttern gleiche ihm, war dies dem Asketen offensichtlich zuviel. Kopfschüttelnd ging er seiner Wege.[83] Die Episode deutet

Zur ersten Unterweisung haben sich den fünf Śramanen die Götter Brahma (links) und Śakra (rechts) zugesellt (Gemälde aus Tibet; Ausschnitt)

Unverständnis an, auf das Gautamas neue Erkenntnisse in Kreisen traditioneller Śramanen stoßen mußte.

Bei Benares fand er im Gazellenpark Ṛṣipaṭana, heute Sârnâth, seine fünf einstigen Gefährten. Als diese ihn aus der Ferne sahen, vereinbarten sie zwar, Gautama, der sein Fasten aufgab, kein ehrenvolles Willkommen zu bereiten. Aber als er nahte, boten sie ihm doch Sitz und Wasser. Die Worte, die er in der Folge an sie richtete, gelten der buddhistischen Überlieferung als das Begründen der Tradition. Gautama ging von der gemeinsamen Vergangenheit aus, um darzulegen, daß die vormals geübte Askese ebenso extrem war wie das Leben, um des Genusses willen, das der Śramane aufgab. *Ohne diesen beiden Extremen zu folgen, ist vom Vollendeten* [Gautama] *ein mittlerer Weg entdeckt worden, der das Auge öffnet* und *zum Erwachen führt.*[84] Gautama soll seinen Hörern den *mittleren Weg* in der Form des *edlen achtfachen Pfades* erklärt haben, einer Praxis, die alle Lebensbereiche umfaßt und die Glieder *Einsicht, Gesinnung, Rede, Wirken, Lebensunterhalt, Anstrengung, Vergegenwärtigung und Sammlung* einschließt. Diesen Pfad bezeichnete er als vierte der *Edlen Wahrheiten*, die er in der letzten Phase des Erwachens fand. Die erste Wahrheit beschreibt die existentielle Situation des Menschen: *Geburt, Alter, Krankheit, Sterben sind Leiden; Kummer, Wehklage, Schmerz, Unmut und Unrast sind Leiden; die Vereinigung mit Unliebem, die Trennung von Liebem sind Leiden [...]*. Die zweite Wahrheit fragt nach *dem Entstehen des Leidens: Es ist dieser Durst, der zur Wiedergeburt führt, verbunden mit Vergnügen und Gier, die sich an diesem und jenem befriedigt, nämlich der Durst nach sinnlicher Freude, der Durst nach Dasein [...]. Dies ist die* [dritte] *edle Wahrheit vom Aufheben des Leidens: Es ist das Aufheben des Durstes durch sein restloses Vernichten.* Bewirkt wird dies mittels des *Achtfachen Pfades*.

Es ist unwahrscheinlich, daß Gautama sich schon bei seiner ersten Darlegung solcher Schemata wie der *vier Wahrheiten* und des *Achtfachen Pfades* bediente, die vermutlich erst im Lauf der Lehrtätigkeit als Hilfsmittel systematischer Erklärungen entwickelt wurden. Andere Quellen berichten von der ersten Unterweisung[85], Gautama habe jeweils nur einige der fünf Śramanen belehrt, während die anderen zur Nahrungsbeschaffung ausgingen. Gegenstand der Unterweisung dürfte die Praxis der *Vier Vertiefungen* gewesen sein, durch deren Entdecken Gautama zum Erwachen kam. Als erster vollzog Kauṇḍinya das Gehörte nach, und bald folgten ihm die anderen vier.

# «Der Lehrer der Götter und Menschen»

In den Wochen nach dem Erwachen läßt die kleine Gefolgschaft des Śramanen Gautama kaum ahnen, daß vom Gazellenpark Ṛṣipatana eine Bewegung ausging, die Weltgeltung erlangte. Doch zeigen die Erzählungen, wie er Trâpuṣa, Bhallika und die fünf Śramanen gewann, Typisches für künftige Erfolge: Zwar fanden durch Gautamas Lehren und überlegenes Argumentieren oft Anhänger zu ihm. Meist war es jedoch die Persönlichkeit, die unmittelbar beeindruckte. Von der Begegnung angesprochen, wollte man mehr wissen. Häufig genügten die Umstände eines Zusammentreffens, um sich als Schüler zu bekennen. Gautama erörterte bei solchen Gelegenheiten selten systematische Grundlagen seiner Lehre. Indem er mit dem Gegenüber ein Problem besprach oder etwas in Frage stellte, was diesem selbstverständlich war, löste er Erschütterung und Begeisterung aus. Darum soll noch vor den zentralen Aussagen Gautamas sein Umgehen mit anderen dargestellt werden.

Die Tradition erklärte die große Wirkung dieses Menschen mit außergewöhnlichen Eigenschaften wie überragende Körpergröße, strahlender Glanz[86], Male an Händen und Füßen[87] und vielerlei Wunderkräfte. Diese Legenden spiegeln das Erleben von Zeitgenossen, in Gautama mehr als einem gewöhnlichen Sterblichen zu begegnen. Ein solches Bild vom Übermenschen erschwert den Zugang zur geschichtlichen Persönlichkeit ebenso wie der Stil der erhaltenen Berichte. Die überlieferte Form der Gespräche Gautamas ist oft von Weitschweifigkeit und Wiederholung gekennzeichnet. Einmal gegebene Worterklärungen werden bei jedem Auftauchen des Begriffs erneut angefügt. Befragte wiederholen die ganze Frage, bevor sie zur Antwort ansetzen. Gilt für mehrere Dinge die gleiche Feststellung, wird diese statt einer einfachen Aufzählung für jeden Punkt in identischem Wortlaut gegeben. Dies hat mehrere Ursachen: Zu einem Erzählstil, der Gefallen an Wiederholungen fand, kam über Generationen eine mündliche Weitergabe der Reden, bei der gleichartige Formeln das Merken erleichterten. Zudem erhielten Gautamas Reden, die von der Gemeinde rezitiert wurden, eine

Trâpuṣa und Bhallika (unten) werden Gautamas erste Anhänger. Auch die Götter der vier Himmelsrichtungen (links) sind anwesend (Gemälde aus Tibet; Ausschnitt)

Die erste Rede. Neben den fünf Śramanen ist auch der Schutzgeist Vajrapâṇi (links neben Gautama) dargestellt (Indisches Relief)

liturgische Bedeutung, wobei Wiederholungen eine ästhetische Funktion besaßen.

Bei der Lektüre werden allerdings Qualität und Eigenart der Aussagen Gautamas und damit seine Persönlichkeit leicht von der Quantität der Worte überdeckt. Die Unmittelbarkeit des Menschen und die Spontaneität seiner Reaktionen gehen im Stil der Texte unter. Die gründliche Analyse liefert jedoch das Bild eines Mannes, der durch Vielseitigkeit, Schlagfertigkeit und Einfühlungsvermögen seine Hörer zu fesseln vermochte.

Kaum findet sich ein Thema, das Gautama in den 45 Jahren zwischen dem Erwachen und seinem Tod nicht berührte. Die hauslosen Śramanen sahen ihn vor allem als Erlösungslehrer, der durch Hinweise zur Vertiefung den Ausweg aus dem Kreislauf der Wiedergeburten wies. Doch erschöpfte sich sein Wirken nicht darin. Er diente Menschen aller Schichten als Ratgeber, der jeden denkbaren Gegenstand behandelte, von den Pflichten des Herrschers über die Gesetze der Weltgeschichte [88] bis zum Verhalten in Ehe und Familie [89], vom richtigen Umgang mit Besitz [90] über die Welten der Götter bis hin zum Zähneputzen. [91]

Vielseitigkeit ist nicht nur Merkmal seiner Themen, sondern auch der Mittel, die Gautama anwandte. Häufig faßte er Aussagen in Gedichten zusammen, um sie durch den Rhythmus einprägsam zu machen. [92] Viele Gleichnisse, deren Bilder dem Alltag der Hörer entstammten, sollten dem Verständnis dienen. Dem Spieler eines Saiteninstruments, der zwischen Askese und Genußsucht schwankte, verdeutlichte Gautama den *Mittleren Weg* durch das Bild der wohl gespannten Saite: Wie sich nur diese zum Spielen eignet, darf auch das Leben weder zu schlaff noch zu angespannt verlaufen. [93] Für eine Mahnung zur Wahrhaftigkeit ließ er nach dem Waschen etwas Wasser im Becken und fragte: *Siehst du den geringen Rest Wasser im Becken? So gering ist das Leben eines Śramanen, der nicht vor wissentlichem Lügen zurückschreckt.* Dann goß er das Wasser aus, um fortzufahren: *Siehst du, wie der Rest des Wassers vergossen ist? So vergossen ist das Leben eines Śramanen, der nicht vor wissentlichem Lügen zurückschreckt.* Indem er das Becken umkehrte, sprach er: *Siehst du, wie das Becken verkehrt steht? So verkehrt ist das Leben eines Śramanen, der nicht vor wissentlichem Lügen zurückschreckt.* Schließlich brachte er das Becken wieder in die richtige Stellung: *Siehst du, wie dieses Becken hohl und leer ist? So hohl und leer ist das Leben eines Śramanen, der nicht vor wissentlichem Lügen zurückschreckt.* Dieser Demonstration fügte er ein den Zeitgenossen leicht verständliches Gleichnis an: *Wenn ein Kriegselefant mit Vorder- und Hinterbeinen, Vorder- und Hinterleib, mit Kopf, Ohren und Schwanz kämpft, aber den Rüssel schont, weiß sein Lenker, daß der Elefant das Leben noch nicht aufgegeben hat. Kämpft der Elefant aber auch mit dem Rüssel, dann weiß der Lenker, daß er sein Leben aufgab und*

Gautama, Vajrapâṇi und die fünf Schüler der ersten Unterweisung
(İndisches Relief, 2. Jahrhundert)

*jetzt imstande ist, alles auszuführen. Ebenso ist jener, der sich vor wissentlicher Lüge nicht scheut, imstande, alles Schlechte auszuführen. Darum beachte: Nicht einmal im Scherz will ich Lügen sprechen.*[94]

In den Unterweisungen finden sich auch Anekdoten. So beginnt eine Darlegung über das Bemühen um Friedfertigkeit mit folgender Geschichte: *Eine Frau in Śrâvastî galt als sanft und friedlich. Da dachte ihre fleißige Magd: «Die Herrin, sagt man, ist sanft und friedlich. Wird vielleicht ihr Zorn bloß nicht erregt, weil ich gut arbeite? Ich stelle sie auf die Probe.» Da stand die Magd erst am hellen Tag auf. Die Frau rief: «Warum erhebst du dich so spät?» − «Das macht doch nichts», sprach die Magd. Die Frau ermahnte sie und zog die Brauen hoch. Nun dachte die Magd:*

«*Sie versteckt ihren Zorn. Ich stelle sie weiter auf die Probe.*» Als die Magd wiederum spät aufstand, schimpfte die Frau erregt. Darauf erhob sich die Magd noch später. Jetzt wurde die Frau zornig, warf den spitzen Türriegel nach der Magd und verwundete sie am Kopf. Blutend lief diese zu den Nachbarn: «*Seht, was die Sanfte, die Friedliche tut. Sie wirft der einzigen Magd den Riegel an den Kopf.*» Fortan galt die Frau als erregbar, grob und zänkisch.[95] Nachdem die Erzählung der hier stark gekürzten Anekdote bei seinen Schülern wohl Heiterkeit erregte, führte Gautama aus, daß sich auch mancher unter ihnen nur so lange sanftmütig gebe, als er nicht durch Beleidigung oder Mangel herausgefordert würde. Echte Friedfertigkeit zeige sich aber gerade dann.

Viele Zeugnisse belegen die große Wirkung der an Inhalten und Stilmitteln vielseitigen Sprache Gautamas. Sie wurde als wohlklingend, fließend und deutlich gelobt.[96] Auch wenn er zu vielen redete, soll jeder einzelne sich persönlich angesprochen gefühlt haben.[97]

Zahlreiche Berichte geben Dialoge zwischen Gautama und Fragenden wieder, die sich nach dem Gespräch zu ihm und seiner Lehre bekennen. Oft nimmt die Unterredung von einem Problem des Fragenden ihren Ausgang. Einem Brahmanen, der meinte, daß es kein Mittel gegen Todesfurcht gibt, legte Gautama dar, wie das Streben nach Gierlosigkeit, Vermeiden von Übeltaten sowie nach Freiheit von Wankelmut und Zweifelsucht ein Ausweg aus der Todesangst sei. Der Brahmane gab seiner Befreiung mit Worten Ausdruck, wie sie in den Texten häufig als Bekenntnisformel wiederkehren: «Vortrefflich, Herr Gautama. Vortrefflich, Herr Gautama. Gleichwie man Umgestürztes aufrichtet, Verborgenes enthüllt, Verirrten den Weg weist oder Licht ins Dunkel bringt, damit, wer Augen hat, sehen kann, so hat Herr Gautama auf mancherlei Weise die Lehre gezeigt. Darum nehme ich Zuflucht zum Herrn Gautama, zur Lehre und zur Gemeinde. Als Anhänger möge mich Herr Gautama betrachten, als einen, der von heute ab zeitlebens Zuflucht genommen hat.»[98]

Eine Vielzahl derart spontaner Bekenntnisse werden überliefert, wobei es Gautama nicht um das Sammeln von Anhängern um jeden Preis ging. Der Feldherr Siṃha, ein angesehener Mann im Licchavi-Staat, war Anhänger der Jainas. Nachdem er hörte, wie andere Gautama rühmten, suchte er diesen auf, um sich ein Bild von ihm zu machen. Sehr befriedigt von den Antworten, die er auf alle Fragen erhielt, wollte er sich zu Gautama, seiner Lehre und seiner Gemeinde bekennen. Doch Gautama reagierte unerwartet: *Überlege dir, was du tust, Siṃha. Für berühmte Männer wie dich ist es gut, wenn sie überlegt handeln.*[99] Siṃha war von dieser Reaktion beeindruckt: «Hätten mich andere zum Anhänger gewonnen, hätten sie durch ganz Vaiśâlî eine Fahne getragen und gerufen: ‹Der Feldherr

Ein Stûpa in Sârnâth (6. Jahrh.) erinnert an den Ort der ersten Rede Gautamas

Siṃha ist unser Anhänger geworden.› Der Erhabene mahnt mich dagegen, zu überlegen, was ich tue. [...] Als Anhänger, der von heute für das ganze Leben Zuflucht zu ihm genommen hat, soll mich der Erhabene betrachten.» Doch Gautama hat einen weiteren Einwand: *Lange war dein Haus offen für die Jainas. Du sollst ihnen darum, wenn sie zu deinem Haus kommen, Nahrung geben.* Siṃha hätte eher erwartet, «daß der Śramane Gautama sagt: ‹Nur mir und meinen Schülern soll man spenden, nicht anderen und deren Schülern. Nur mir und meinen Schülern Gegebenes bringt Heil, nicht das anderen Gegebene.› Jetzt aber mahnt mich der Erhabene, auch den Jainas zu spenden.» Die Episode zeigt eine tolerante Haltung Gautamas, der man in den Texten häufig begegnet. Sosehr er anderen Lehren entgegentrat, um aus seiner Sicht deren Mängel aufzuzeigen, wollte er nicht abwerben, sondern durch Argument und Vertrauen überzeugen. Dieser Zug ist der buddhistischen Tradition auf ihrem Weg in andere Kulturkreise im wesentlichen geblieben, indem sie in der Regel die Koexistenz mit bestehenden Lehren oder Religionen erstrebte und diese nicht verdrängte.

Mitunter finden sich Darlegungen, mit denen Gautama seine Hörer erstaunen oder schockieren mußte. Den Vorschlag, einer seiner Schüler möge ein Wunder vollbringen, um das Ansehen der Bewegung noch zu steigern, beantwortete Gautama, der nichts von der Zauberkunst mancher Śramanen hielt, ablehnend, schloß aber folgende Erzählung an:

Kopf eines buddhistischen
Śramanen (Gandhâra-Stil,
2. Jahrhundert; Berlin,
Museum für Indische Kunst)

Einer seiner Schüler wollte wissen, wo die Elemente Erde, Wasser, Feuer und Luft, also alles Existierende, restlos aufhören. Mittels in der Vertiefung erlangter wunderbarer Kräfte kam er in die Götterwelt und stellte seine Frage. Keiner der Götter konnte ihm Auskunft geben, und man verwies ihn zuletzt an Brahma, den höchsten Gott. Der Dialog zwischen diesem und dem Schüler Gautamas muß für damalige Hörer ungeheuerlich gewesen sein. Der Schüler fragte: «*Lieber Freund, wo hören die Elemente Erde, Wasser, Feuer und Luft auf?*» *Der große Brahma antwortete:* «*Ich bin Brahma, der große Brahma, der Allmächtige, keinem Untergebene, dessen Auge nichts verborgen ist, der unumschränkte Herr, der Wirkende, der Schöpfer, der höchste Gebieter, der alles nach seinem Wunsch lenkt, der Vater alles Gewordenen und Kommenden.*» Zwei weitere Male trägt Gautamas Schüler dem Gott sein Anliegen vor, um von diesem wiederum nur eine Aufzählung seiner Ehrentitel zu hören. Als er darauf sagte, daß nicht dies, sondern das Aufhören der Elemente seine Frage sei, *nahm der große Brahma ihn am Arm, führte ihn zur Seite und sprach:* «*Hier die Götter der Brahma-Welt meinen, es gäbe nichts, was Brahma nicht erschaut und erkannt hätte, nichts, das ihm nicht offenbar wäre. Darum antwortete ich nicht in deren Beisein. Ich weiß auch nicht, wo die vier Elemente restlos aufhören.*»[100] Daß ein Schüler Gautamas den höchsten Gott als «lieber Freund» anreden durfte, mochte einen Hörer, der an Brahma glaubte, nicht weniger befremden als die Behauptung, daß jener die Antwort schuldig bleiben und sich hinter seinen Titeln verstecken mußte. Anhänger, denen Gautama «der Lehrer der Götter und Menschen» war, mögen diese Geschichte als heiter empfunden haben.

Das damalige Indien kannte keine allgemeingültigen philosophischen oder religiösen Anschauungen. Verschiedenste Konzepte konnte Gautama in den Jahren seiner Suche kennen- und verstehen lernen. Es gab Menschen, die an Götter und ein Jenseits glaubten, und solche, für die nur diese Welt bestand, Menschen, die sich nach Erlösung vom Dasein sehnten, und solche, die einfach bloß zufrieden leben wollten. Gautama fand seinen Standort jenseits dieser Vorstellungen. Sein Streben nach Freiheit von der Wiedergeburt führte ihn nicht zur Entdeckung eines Dauerhaften, wie es der Ansicht der Erlösungslehrer entsprochen hätte, und doch war er überzeugt, *das Todlose* entdeckt zu haben. Erlösung war für ihn vor allem die vom *Durst*, von der Gier, zu sein und zu haben. Von dieser Warte rief Gautama zu einem Leben auf, das gierlos der *ganzen Welt mit einer von Liebe, Mitleid, Mitfreude und Gleichmut* [gegenüber eigenem Leid] *erfüllten, einer weiten, umfassenden, unermeßlichen, von Haß und Übelwollen befreiten* Haltung begegnet. Das Streben danach hat für Gautama einen Wert in sich und braucht nicht nach Lohn oder Strafe im Jenseits zu fragen, denn *gibt es eine andere Welt und eine Frucht guter*

Der Schutzgeist Vajrapâṇi und Gautama (Gandhâra-Stil, 2. Jahrhundert; Berlin, Museum für Indische Kunst)

*und schlechter Taten, ist es möglich, daß ich beim Zerfall des Körpers, nach dem Tod, in glücklichem Gebiet erscheine, in himmlischer Welt. [...] Gibt es jedoch keine andere Welt und keine Frucht guter und schlechter Taten, dann führe ich eben hier in dieser Welt ein leidfreies, glückliches Leben, ohne Haß und Übelwollen.*[101]

Obwohl Gautama die Wirklichkeit anderer Welten nicht verneinte, zeigt diese Aussage, wie er die Frage nach dem Jenseits als minder bedeutend betrachtete. Brahmanen, die Wege zur Vereinigung mit dem Gott Brahma im kommenden Leben wiesen, kritisierte er, daß keiner von ihnen Brahma gesehen habe. Die Vertreter der theistischen Tradition *sind wie eine Reihe Blinder, die sich aneinander festhalten: Der Vorderste sieht nichts, der Mittlere sieht nichts und der Hinterste sieht nichts.* Wer für die Zeit nach dem Tod die Gemeinschaft mit einem Gott erhofft, gleicht einem Mann, der *sagte: «Ich liebe die schönste Frau im Land und sehne mich nach ihr.»* Wenn man ihn aber nach der Kaste dieser Frau, ihrem Vor- und Familiennamen, ihrer Hautfarbe oder ihrem Wohnort fragte, würde er nichtwissend verneinen. Die Frage «Was, du liebst eine Frau und sehnst dich nach ihr, die du nicht kennst und noch nie gesehen hast?», bejahte er dann. Erwiesen sich die Worte dieses Mannes nicht als unüberlegtes Gerede?[102] Gautama empfahl statt dem Hoffen auf eine ungewisse Zukunft schon im Diesseits ein Leben mit Eigenschaften Brahmas, wie *Liebe* und *Mitleid*, was dann nach dem Tod weiterwirken könnte.

So bediente sich Gautama der Sprachen unterschiedlicher Konzepte, um diese in seinem Sinn zu interpretieren. Den Gottgläubigen belehrte er durch die Neubewertung Brahmas als Verkörperung von Idealen, die der Mensch zu verwirklichen hätte. Nach Erlösung suchende Śramanen unterwies er im Sinn der Hoffnung auf ein Ende der Wiedergeburten. Doch konnte bei gegenteiliger Erwartung des Gesprächspartners die Wiedergeburt auch in positivem Licht erscheinen. Einem glücklichen Paar riet er: Wenn zwei Liebende *einander in diesem und auch im folgenden Dasein begegnen möchten, sollen beide sich um gleiches Vertrauen, gleiche Sittlichkeit, gleiche Freigebigkeit und gleiche Weisheit bemühen. Dann werden sie einander in diesem und auch im folgenden Dasein sehen.*[103]

Trotz dieses Eingehens auf Erwartungen und Lebenssituation seiner Schüler war Gautama dann ein unerbittlicher Gesprächspartner, wenn aus seiner Sicht falsche Lehren vertreten wurden oder Brahmanen Standesdünkel ausdrückten. Der Ruf, andere in der Diskussion zu entwaffnen, indem er Widersprüche offenlegte oder sie mit Konsequenzen ihrer eigenen undurchdachten Aussagen konfrontierte, machte ihn gefürchtet. So wird von einem Brahmanen berichtet, der unbedingt mit dem berühmten Gautama diskutieren wollte, aber auf dem ganzen Weg zu ihm unter Angst litt, er könnte dumme Fragen stellen oder sich mit Antworten blamieren. Gautama erkannte seine Furcht und fragte einleitend, welche Qualitäten einen Brahmanen ausmachen. Der Brahmane durfte sich auf seinem eigenen Gebiet bewegen und nannte fünf Eigenschaften: Generationenlange Abstammung von Brahmanen, Gelehrsamkeit in den vedischen Texten, körperliche Anmut als Abglanz des Gottes Brahma, Sitt-

Gautama, die drei Brüder Kâśyapa und Vajrapâṇi (Gandhâra-Stil)

lichkeit und Weisheit. Indem Gautama schrittweise hinterfragte, ob nicht die eine oder andere Eigenschaft verzichtbar wäre, mußte der Brahmane nacheinander die Bedeutung von Anmut, Gelehrsamkeit und unter Protest anderer anwesender Brahmanen auch der Geburt relativieren. Nur Sittlichkeit und Weisheit ließ er am Ende als Kriterien der Beurteilung gelten: Man mag schön sein wie Brahma, gelehrt und von angesehener Abkunft, alles dies zählt nichts, wenn man sich unsittlich und unweise verhält. Mit Gautama übereinstimmend, wurde er zu dessen Anhänger.[104]

Gautamas immer wieder geschildertes Vermögen, andere mit Neuem zu konfrontieren und bisherige Sicherheiten zu hinterfragen, führte wohl schon zu Lebzeiten zu Legenden. Viele glaubten, hier mehr als einem Menschen zu begegnen. Wiederholt heißt es, jemandem, der im Gespräch gewohnte Anschauung aufgeben mußte, wäre zumute, als stünde der Geist Vajrapâni («Donnerkeilträger») vor ihm, um seinen Schädel «in sieben Teile zu spalten», wenn er jetzt nicht Gautama zustimmte.[105] Die geschilderte Wirkung Gautamas macht vielleicht etwas verständlicher, wie rasch die Anhängerschaft nach der ersten Unterweisung im Park von Rsipatana wuchs. Nach Trâpusa, Bhallika und den fünf Śramanen wurde in Benares Yaśa, der Sohn eines reichen Händlers, zum achten Schüler.[106] Yaśa, der mit seinen Frauen in großem Prunk im Elternhaus wohnte, war schwermütig und konnte trotz allen Reichtums nicht froh werden. Verzweifelt lief er zum Fluß, an dessen anderem Ufer Gautama weilte. Dieser sah den trübsinnigen Mann und rief ihn zu sich. Yaśa ließ seine mit Edelsteinen besetzten Schuhe stehen und überquerte den Fluß. Von Gautama über die *Vier Wahrheiten* unterrichtet, entschloß er sich, ihm als Śramane zu folgen. Yaśas Vater, der seinem Sohn nachgelaufen war, zeigte sich von wenigen Worten Gautamas über Sittlichkeit so beeindruckt, daß er sich zu ihm bekannte. Froh darüber, daß sein Sohn nicht mehr schwermütig war, akzeptierte er sogar dessen Entscheidung zum Śramanentum. Bei einem Essen im Haus der Familie Yaśas wurden dessen Mutter und Hauptfrau die ersten weiblichen Anhänger Gautamas. Als sich Yaśa schon nach kurzer Zeit grundlegend änderte, in der Sprache der Texte wurde er zu einem «Arhat», einem Heiligen, entschlossen sich vier seiner Freunde, Śramanen zu werden, worauf fünfzig weitere junge Männer aus Benares diesen Schritt vollzogen.

Sechzig Śramanen folgten Gautama jetzt. Sie nannten sich *Bettler (Bhiksu)*, weil sie allen Besitz hinter sich gelassen hatten, um sich nur Gautamas Lehre zu widmen. Gautama unterwies sie, und bald galt ihm jeder von ihnen als Arhat. Er beauftragte sie, seine Lehre überall zu verbreiten: *Zieht aus und wandert zum Heil vieler, zur Freude vieler, aus Mitleid mit der Welt, zum Segen, zum Heil, zur Freude der Götter und Menschen. Geht nicht zu zweit denselben Weg. Legt die Lehre dar, die am Anfang, in der Mitte und am Ende beglückend ist. Es gibt Wesen, die unbefleckt vom Schmutz des Weltlichen sind. Hören sie die Darlegung nicht, dann gehen sie zugrunde. Sie werden die Lehre verstehen.*[107]

Gautama selbst wanderte von Benares in die Gegend seines Erwachens zurück. Dort am Fluß Nairañjanâ lebten Hunderte brahmanische Einsiedler, die einem Feuerritus anhingen. Ihre Führer, die drei Brüder Kâśyapa, wurden nach ihren Wohnorten Kâśyapa von Uruvilvâ, Kâśyapa vom Fluß und Kâśyapa von Gayâ genannt. Gautama kannte sie wohl aus

Kâśyapa von Uruvilvâ sieht von seinem Boot aus, wie Gautama unbenetzt durch das Wasser geht (Indien, 2./1. Jahrhundert v. u. Z.; Sâñcî, Madhya Pradesh)

Anläßlich seines Besuchs in Kapilavastu wird Gautama (symbolisiert durch die Fußabdrücke unter dem leeren Thron) von seinem Sohn Râhula (links unten) begrüßt (Indien, 2. Jahrhundert; Amâravatî, Archäologisches Museum)

seiner Zeit als Asket in diesem Gebiet. Die Überlieferung hält fest, er habe Kâśyapa von Uruvilvâ nach seinem Eintreffen durch eine Reihe von Wundern beeindruckt, doch jener fühlte sich als der Überlegene. Schließlich, und dies mag der historische Kern der Erzählung sein, schockierte Gautama den hochgeachteten Meister mit der Aussage: *Kâśyapa, du bist weder heilig noch weißt du überhaupt, welcher Weg zur Heiligkeit führt.* Als der so Angesprochene sich spontan zu Gautama als Lehrer bekannte, schlossen sich seine Schüler an und warfen ihre Kultgegenstände in die Nairañjanâ. Als das Ritualgerät am Lager des Kâśyapa vom Fluß vorbeischwamm, geriet man dort in Aufregung. Die Nachforschungen, was geschehen war, führten dazu, daß auch die beiden anderen Brüder Kâśyapa mit ihren Anhängern Gautama folgten. Dieser legte den neuen Schülern seine Lehre dar, indem er vom ihnen geläufigen Bild des Feuers ausging, um über das Löschen der Brände von *Gier, Haß und Verblendung* zu sprechen. Die Śramanen um Gautama zählten nun Hunderte, die Überlieferung spricht von eintausend Menschen. Mit großer Begleitung, darunter Kâśyapa von Uruvilvâ, wanderte Gautama nach Râjagṛha, der Hauptstadt Magadhas. Dort hatte man längst von dem Lehrer gehört, der die berühmten Brahmanen für sich gewann, und König Bimbisâra kam mit vielen Begleitern dem Zug der Śramanen entgegen. Beim Anblick Gautamas und Kâśyapas entstand Unsicherheit, wer hier wessen Meister sei. Kâśyapa gab dies durch tiefe Verneigung vor Gautama zu erkennen und berichtete von seiner Wandlung. Dann sprach Gautama vor den Anwesenden, worauf sich der König öffentlich zu ihm bekannte. Bimbisâra blieb zeit seines Lebens Gautamas Freund und ein Förderer seiner Bewegung.

In Râjagṛha schloß sich auch die Schule des Śramanen Saṃjayin Vairaṭîputra Gautama an. Hier ging die Initiative von Śâriputra und Maudgalyâyana aus, den Hauptschülern Saṃjayins. Dieser war so betrübt über den Fortgang aller seiner Anhänger, daß ihm «heißes Blut aus dem Mund strömte». Als darüber hinaus immer mehr Männer in Magadha unter Gautamas Einfluß als Śramanen ihr Heim verließen, kam neben Bewunderung auch Ablehnung in der Bevölkerung auf. Der geachtete Śramanenstand war als solche Massenerscheinung ungewohnt und weckte bei manchem Angst vor einer kinderlosen Gesellschaft mit aussterbenden Familien. Ein Spottvers kam auf, den man Gautamas Śramanen nachrief: «Alle Leute des Saṃjayin hat er mitgenommen, wer wird als nächstes drankommen?» Gautama wies seine Schüler an, diesen Vers mit einem gleichartigen zu beantworten, in dem es hieß, daß man ihm durch *die Macht der Wahrheit* folgte. Nach sieben Tagen verstummte die Kritik. Daß wie in Magadha in kurzer Zeit ganze Śramanengruppen, der König und große Teile der Bevölkerung Anhänger Gautamas wurden, sollte sich in anderen Gegenden wiederholen. Auch in seine Heimatstadt Kapilavastu kehrte Gautama in der Folge zurück, wo sich seine Familie nach anfänglicher Skepsis zu ihm bekannte. Viele Verwandte schlossen sich ihm als Śramanen an, darunter der Sohn Râhula und der Vetter Ânanda, der Gautama als Helfer auf seinen Wanderungen begleitete.

# Zur Philosophie Gautamas

Nach abendländischer Einteilung lassen sich Gautamas Lehren unterschiedlichen Bereichen zuordnen: Die *Vier Edlen Wahrheiten* und der Satz vom *Bedingten Entstehen* als Deutungen von Dasein und Wiedergeburt der Philosophie, der *Achtfache Pfad* als Mittel zur Erlösung der Religion. Sein Wirken als weiser Berater für Fragende und als Vertreter einer bestimmten Ethik zeigt zudem eine soziale Relevanz seiner Aussagen. Obwohl Philosophie, Religion und Soziales Begriffe sind, für die sich im Indien Gautamas keine direkten Entsprechungen finden, werden, dem heutigen Verständnis folgend, die drei nächsten Kapitel seine Lehren unter diesen Aspekten darstellen.

Es war nicht Gautamas Anliegen, ein philosophisches System im Sinn einer umfassenden Interpretation der Welt zu schaffen. Das Streben nach Befreiung von Geburt und Tod hatte sein eigenes Denken geprägt. Seine Hörer waren entweder Śramanen mit dem gleichen Ziel oder Menschen, die Fragen über das Leben oder ein nachtodliches Dasein hatten. Im Zentrum seiner Gespräche steht darum die Praxis, die je nach Anspruch von Geburt und Tod befreit, eine bessere Wiedergeburt oder ein heilsames, glückliches Leben ermöglicht. In allen Bereichen ging es um Erlösung vom egoistischen *Durst* und von *Gier, Haß und Verblendung*[108]: *Wie der weite Ozean nur von einem Geschmack durchdrungen ist, dem des Salzes, ist diese Lehre nur von einem Geschmack durchdrungen, dem der Erlösung.*[109]

Bewußt distanzierte sich Gautama von solchen Śramanen und Brahmanen, die spekulative Theorien über Anfang und Ende, Begrenztheit und Grenzenlosigkeit der Welt, die Herkunft des Menschen oder das nachtodliche Sein eines Erlösten aufstellten. Er verglich sie mit Blindgeborenen, von denen jeder an anderer Stelle einen Elefanten betastet, um dann in heftigen Streit über die wahre Form des Tiers zu geraten: Ein Blinder beurteilt den Elefanten nach dem Schwanz, den er berührte, der andere nach dem Bein, der nächste nach dem Ohr.[110] Diesem Gleichnis zufolge bleibt jedes Interpretieren der Welt und des Menschen Stückwerk und ist angesichts der Vergänglichkeit des Lebens verschwendete Zeit. Der Tor fragt sich: «*War ich vormals? Oder war ich vormals nicht? Was war ich früher?* [...] *Werde ich künftig sein? Werde ich künftig nicht sein?* [...]» Oder er zweifelt über die Gegenwart: «*Bin ich? Oder bin ich nicht?*»[111] Doch wer darüber nachdenkt, ist in die *Fessel der Meinungen* verstrickt. Ein Mensch, der erklärende Ansichten verlangt, ist wie ein vom Giftpfeil Getroffener, der zum Arzt sagte: «*Ich lasse mir den Pfeil nicht herausziehen, bis ich weiß, ob mich ein Krieger, Brahmane, Händler oder Landmann traf, ich seinen Vor- und Zunamen kenne und weiß, ob er groß, klein oder von mittlerem Wuchs, ob seine Haut schwarz, braun oder hell ist,* [...] *ob die Federn am Pfeil vom Geier, Reiher, Habicht, Hahn oder einem anderen Vogel kommen, ob die Sehne vom Rind, Büffel, Hirsch* [...] *stammt, wie die Pfeilspitze ist.*» *Bevor er all das wüßte, wäre der Mensch tot.* Ebenso ginge unwissend zugrunde, wer die erlösende Praxis zugunsten eines Spekulierens über die sogenannten letzten Dinge vernachlässigt.[112]

So verspottete Gautama jene, die über die Grenzen allgemeiner Erkenntnis hinaus erklären wollten, als Blindgeborene oder Verwundete, die ihre Rettung von unsinnigen Fragen abhängig machen. Konsequent verstand er die eigenen Aussagen nicht als Interpretation von Welt und Mensch, sondern als Mittel zum Zweck der Erlösung. Er verglich sie mit einem Floß, das nur zum Überqueren des Flusses taugt und keinen Sinn an sich hat: *Ein Wanderer kommt an ein großes Wasser. An diesem Ufer gibt es Schreck und Gefahr, doch das andere Ufer ist sicher und gefahrlos. Kein Schiff, keine Brücke führt zum anderen Ufer. Da denkt er: «Vielleicht sollte ich Schilf, Holz, Zweige und Blätter sammeln, ein Floß bauen, um* [...] *an das andere Ufer zu gelangen.»* [...] *Dort hingelangt, meint er: «Dieses Floß ist mir wertvoll. Auf Kopf und Schultern trage ich es mit mir, wohin ich gehe.» Würde dieser Mann mit dem Floß richtig handeln?*[113]

Der Abstand zu erklärenden Systemen war keine grundsätzliche Ablehnung einer umfassenden Weltsicht. Alle großen und kleinen Fragen der Menschheit werden in Gautamas Reden aufgeworfen und behandelt. Dies geschieht jedoch stets im Hinblick auf die erlösende Praxis, hinter der sie als zweitrangig zurücktreten. So wollte er vermeiden, daß Vorurteile die Erlösung und damit verbundene tatsächliche Erkenntnis behindern, indem man an vorgefaßten Anschauungen haftet. Wer glaubt, etwas erkannt zu haben, soll darum nicht spekulierend *darüber nachdenken, nicht denken, er besäße es, soll es sich nicht gefallen lassen, weil er es* [wirklich] *durchschauen soll*[114]. Dieser Ansatz bringt mit sich, daß Gautamas Reden zwar alle wesentlichen Fragen der Philosophie berühren, diese aber nirgends als geschlossenes Weltbild systematisch dargelegt werden. Auf Themen, die in anderen Traditionen zentrale Bedeutung besaßen, kommt Gautama fast beiläufig zu sprechen: Entstehen und Vergehen der Welt sind nicht an sich von Interesse, sondern werden im Rahmen einer Kritik am Kastenwesen erläutert. Gautama holt bis zum Beginn dieser Welt aus, um die Kasten als Verfallserscheinung der natürlichen und sozialen Entwicklung zu zeigen. Anlaß war die Tröstung eines Brahmanen, dessen Angehörige nicht verstanden, daß er sich dem Krieger Gautama als Schüler anschloß.[115]

Die als Grundaussage des Buddhismus häufig zitierten *Vier Edlen Wahrheiten* zeigen deutlich, wie Gautama in der Theorienbildung auf dem unmittelbaren Erleben seiner Hörer aufbaute. Von subjektiven Leiderfahrungen wie Krankheit, Tod und Trennung von Liebem ausgehend, bieten sie keine Aufschlüsse über den Sinn der Welt und das Dasein, sondern sind ein Argumentationsschema, das zur befreienden Praxis motivieren soll. Die kürzeste Formel für Gautamas Philosophie ist jene der *Drei Merkmale* alles Existierenden, von der ausgehend sein Welt- und Menschenbild umrissen werden soll: [1.] *Alle Saṃskâras sind vergänglich,* [2.] *alle Saṃskâras sind leidhaft;* [3.] *alle Gegebenheiten (dharmas) sind nicht-substantiell (anâtman).*[116]

Das Wort Saṃskâra läßt sich nicht eindeutig in europäischen Sprachen wiedergeben: Es bezeichnet einerseits alle Strebungen, das heißt Triebe, Neigungen, Interessen, Willensregungen, die den Menschen etwas hervorbringen lassen, andererseits auch alles Hervorgebrachte, jedes Gebilde und im weitesten Sinn sämtliche Objekte der Begierde. Gautama charakterisiert mit den ersten beiden Merkmalen alles in der Welt als vergänglich und darum für den, der Dauer, zum Beispiel Lebensdauer wünscht, letztlich als leidhaft: *Wenn ich sage, was immer empfunden wird, ist von Leid begleitet, dann ist dies wegen des Vergehens alles Bedingten gesagt.*[117] Das Leiden ist für den Unerlösten die subjektive Dimension der objektiven Vergänglichkeit. Immer wieder spricht Gautama in diesem Sinn von der Allgegenwart des Leidens. Wollte man sein Welt- und Menschenbild danach beurteilen, müßte man es zu Unrecht pessimistisch nennen. Obwohl er Elend und Leid in der Welt betonte, ging er davon aus, daß freudige, leidhafte und gleichgültige Empfindungen die Qualität jedes Lebens bestimmen. Das Hervorheben des Leidens ist ein Ansporn, die befreiende Praxis aufzunehmen, um das Glück der Erlösung zu erfahren.

Das dritte Merkmal spricht mit *Dharma* und *Anâtman* zwei Grundbegriffe der Lehre Gautamas an. Das Wort *Dharma* geht auf die Wurzel «dhar» («tragen») zurück und bezeichnet im Buddhismus die Wirklichkeit «tragende» Gegebenheiten.[118] Die Lehre von den *Dharmas* ist ein Versuch, alles Existierende auf letzte Prinzipien zurückzuführen. Viele indische Systeme waren bestrebt, derartige Prinzipien zu nennen, auf denen das Existierende gründet: Die Jainas sprachen vom Jîva als dem dau-

Gautama unterweist seinen vor ihm knienden Schüler Subhûti (links) über die Leerheit aller Gegebenheiten (chinesische Buchillustration, 868; London, The British Library)

erhaften Wesen, die Sâṃkhya-Philosophie lehrte eine Zweiheit von Urmaterie und ewigen Geistmonaden, für Ajita Keśakambala waren einzig die materiellen Elemente letzte Wirklichkeiten. In den «Upaniṣaden» erscheint Brahma als das einzige Urprinzip, das Welt und Wesen hervorbrachte.

Gautamas Ablehnung bloßen Interpretierens der Welt verwarf Modelle, die durch Schlußfolgerungen zu Prinzipien kamen, welche der unmittelbaren Anschauung nicht zugänglich sind. Das hypothetische Zerlegen der Materie in tragende Elemente, des Menschen in Körper und Geistmonade oder die Annahme des Wirkens einer unerkennbaren Macht als erster Ursache der Erscheinungswelt hätten im direkten Erleben keine Grundlage. Sie wären Konzepte, die man glauben oder ablehnen könnte. Gautamas Lehre hatte den Anspruch, als erlösende Praxis auf direkter Erfahrung zu gründen. Wollte sie der Gepflogenheit indischen Denkens folgen und letzte Prinzipien finden, mußte sie darum von der unmittelbaren Anschauung ausgehen. Prototypisch dafür steht der Bericht vom Erwachen: Gautama gab Konzepte auf, durch Veränderung der Wirklichkeit Erkenntnis und Erlösung zu erlangen, und begann mit der einfachen Betrachtung des Momentanen. Durch Vertiefung der Wahrnehmung erkannte er hinter der Erscheinungswelt wirkende Gesetzmäßigkeiten wie Entstehen, Vergehen und Leiden.

Entsprechend geht die buddhistische Analyse der Wirklichkeit von der unmittelbaren Anschauung aus, um hinter den Erscheinungen wirkende Gegebenheiten als letzte Prinzipien wahrzunehmen, die sie als *Dharmas* bezeichnet. *Dharmas* sind Gegebenheiten, die bei analytischer Betrachtung der Erscheinungswelt als nicht weiter zerlegbar zurückbleiben. Lebewesen, bei denen Funktionen wie Körper, Wahrnehmen und Fühlen unterschieden werden, sind darum keine *Dharmas*. Auch die zusammengesetzten Dinge aus Natur und menschlicher Produktion sind nicht *Dharmas*, sondern Ergebnisse des Zusammenwirkens verschiedener *Dharmas*. Nur was nicht auf anderes rückführbar ist, wird *Dharma* genannt. Jedes sichtbare oder hörbare Ding entsteht und vergeht, dahinter wirken die *Dharmas Entstehen* und *Vergehen*. Viele konkrete Dinge geschehen auf Grund von *Gier* und *Haß*, die als nicht aus anderen Bestandteilen zusammengefügte Gegebenheiten gelten. Jedes sichtbare Objekt weist als wesentlichen Bestandteil *Farbe* auf, die aus der reinen Anschauung nicht weiter zerlegbar ist. In dieser Weise werden Eigenschaften, Fähigkeiten und Gesetzmäßigkeiten als *Dharmas* bezeichnet.[119]

In seiner Analyse des Menschen unterscheidet Gautama *fünf Gruppen*, wörtlich *Haufen (skandha)*, von *Dharmas*: *Körper, Gefühl, Wahrnehmung, Strebungen (saṃskâra)* und *Bewußtsein*.[120] Während der Körper auf die vier Elemente Erde (Festes), Wasser (Flüssiges), Feuer (Wärme) und Luft als *Dharmas* zurückführbar ist, können zum Beispiel beim *Dharma Bewußtsein*, der Fähigkeit des Gewahrwerdens, keine weiteren Bestandteile erkannt werden.

Gautama sagt mit dem *dritten Merkmal*, jeder *Dharma* sei *anâtman*. «Anâtman» ist eine Verneinung von «Âtman». In den «Upaniṣaden» wird als Âtman eine mit Brahma identische ewige Monade in jedem Lebewesen bezeichnet. Der Begriff steht damit für etwas, das aus sich heraus besteht, nicht von anderem abhängt, also absolut ist. Obwohl die *Dharmas* letzte erkennbare Prinzipien sind, besitzen sie keine derart absolute Existenz, sie sind *nicht-substanzhaft (anâtman)*[121]. Jeder *Dharma* ist in seinem Bestand von anderen *Dharmas* abhängig. Über das Bewußtsein heißt es: *Bedingt entstanden ist das Bewußtsein, nicht kommt es ohne Bedingungen zum Entstehen. Nach der Bedingung, durch die es jeweils zum Entstehen kommt, wird es* [z. B. Seh-, Hör- oder Riechbewußtsein] *benannt.*[122] Erst Sehvermögen und sichtbare Objekte machen Bewußt-

Wunderszene: ein Buddha als Gebieter über die Elemente

sein möglich: *Bedingt durch Sehorgan und Sehobjekte entsteht Sehbewußtsein.*[123] Diese bedingenden Faktoren bedürfen ihrerseits zum Entstehen anderer *Dharmas*, für deren Bestehen wiederum weitere Gegebenheiten notwendig sind. Was für den Menschen und sein Bewußtsein gesagt wird, gilt auch für die Gesellschaft und die Welt als ganze: Hinter jedem Phänomen läßt sich das Wirken mehrerer Prinzipien erkennen, die als letzte Gegebenheiten nicht weiter analysierbar sind. Doch ist jeder dieser *Dharmas* leer von eigener Substanz (*anâtman*), weil er nicht für sich allein bestehen kann. Das buddhistische Bild der Welt läßt sich mit einem Mosaik vergleichen: Es besteht aus Steinen, die nur in bestimmter Anordnung als gegenständliches Bild erkannt werden. Der einzelne Stein hat keine Bedeutung an sich und wird nur in Verbindung mit anderen Steinen sinnvoll, vermag aber in jeweiliger Kombination zu unterschiedlichsten Bildern beizutragen.[124] Obwohl auch in Welt und Gesellschaft gesetzmäßig bestimmte *Dharmas* und Gruppen von *Dharmas* einander bedingen[125], spricht Gautama vorrangig über den Menschen. Seine Formel vom *Bedingten Entstehen* (*pratîtyasamutpâda*) will zeigen, welche *Dharmas* oder Gruppen von *Dharmas* im Prozeß der Menschwerdung, das heißt der Wiedergeburt voneinander abhängig sind: [1.] *Nichtwissen bedingt* [2.] *Strebung; Strebung bedingt* [3.] *Bewußtsein; Bewußtsein bedingt* [4.] *Name-und-Gestalt; Name-und-Gestalt bedingt* [5.] *sechs Sinne; sechs Sinne bedingen* [6.] *Berührung; Berührung bedingt* [7.] *Gefühl; Gefühl bedingt* [8.] *Durst; Durst bedingt* [9.] *Haften; Haften bedingt* [10.] *Werden; Werden bedingt* [11.] *Geburt; Geburt bedingt* [12.] *Alter und Tod, Jammer, Schmerz, Trübsal und Verzweiflung.*[126]

Die buddhistische Tradition hat diese Formel auf drei aufeinanderfolgende Leben bezogen: In der Vergangenheit war (1.) *Nichtwissen* um die *Vier Edlen Wahrheiten* der Grund, daß man Strebungen folgte, die auf Vergängliches gerichtet waren. (2.) Diese *Strebungen* (*saṃskâra*), das heißt alle Triebe, Neigungen, Interessen, Willensregungen, veranlaßten das vormalige Wesen zum Wirken (*Karma*) und führten zur Wiedergeburt, worauf in der Gegenwart (3.) *Bewußtsein* existiert. Bewußtwerdungsprozesse sind Voraussetzung der Selbsterfahrung des Menschen, die (4.) *Name-und-Gestalt* (*nâma-rûpa*) umfaßt. *Gestalt* bezieht sich auf die Gegebenheiten, die den Körper ausmachen; *Name* auf subjektiv erlebte Funktionen wie Gefühl, Wahrnehmung, Strebungen und Bewußtsein. *Name-und-Gestalt* sind Grundlage (5.) der *sechs Sinne*. Als Sinn gilt neben Sehen, Hören, Riechen, Schmecken und Tasten auch das Denken, bei dem ein Denkobjekt wahrgenommen wird. Die sechs Sinne ermöglichen (6.) die *Berührung* der Sinne mit den seh-, hör-, riech-, schmeck-, tast- und denkbaren Gegebenheiten. Aus dieser Berührung folgt ein positives, negatives oder neutrales *Gefühl* dem Wahrgenommenen gegenüber. Das Gefühl wiederum hat (8.) den *Durst* zur Folge, das heißt die Gier, daß man das Wahrgenommene haben will, oder den Haß, daß man es nicht will. Durst nach Dingen, also das Habenwollen, bedingt (9.) ein *Haften*, das heißt besonders starkes Verlangen nach ihnen. Dieses hält (10.) das *Werden* des Wesens aufrecht, wodurch es nach dem Tod wieder zur (11.) *Geburt* in einem künftigen Leben kommen wird und (12.) *Altern, Tod* weiterhin als leidvoll empfunden werden.

Der Mensch wird damit nicht als bestehendes Wesen, sondern als Prozeß gesehen. Die nach dem absoluten Subjekt des Bewußtseins, Wahrnehmens oder Fühlens zielende Frage «Wer fühlt?» ist falsch gestellt. *Die Frage ist nicht richtig. Ich sage nicht: «[Jemand] fühlt.» Würde ich so sprechen, wäre die Frage richtig. Da ich aber nicht so spreche, müßte man fragen: «Wodurch bedingt entsteht Gefühl?» Dies wäre eine richtige Frage. Und die richtige Antwort darauf lautete: «Bedingt durch Berührung entsteht Gefühl, bedingt durch Gefühl entsteht Durst.»*[127] Es gibt in letzter Konsequenz kein autonomes Subjekt, das agiert und reagiert. Der Körper unterliegt im Altern steter Wandlung. Gefühl, Wahrnehmen und Bewußtsein sind im Auffassen unterschiedlicher Objekte immer wieder andere. Durch die stets wechselnden Bedingungen ist der Mensch in einem kontinuierlichen Prozeß niemals derselbe: *Fragte man mich, ob ich in der Vergangenheit war oder nicht, ob ich in der Zukunft sein werde oder nicht, und ob ich jetzt bin oder nicht, antwortete ich: «Ich bin in der Vergangenheit gewesen, und ich bin nicht gewesen. Ich werde in der Zukunft sein, und ich werde nicht sein. Ich bin jetzt, und ich bin nicht.» [...] In der Vergangenheit war mein vergangenes Dasein wirklich, unwirklich das zukünftige und gegenwärtige. In der Zukunft wird mein künftiges Dasein wirklich sein, unwirklich das vergangene und gegenwärtige. Gegenwärtig ist mein gegenwärtiges Dasein wirklich, unwirklich das vergangene und künftige.*[128] Was sich im Strom des Werdens als identisches Wesen empfindet, ändert sich durch unterschiedliche Konstellationen der *Dharmas* von einem Augenblick zum nächsten. Entsprechend unterscheidet sich Gautamas Auffassung der Wiedergeburt von der aller anderen indischen Erlösungslehren. Nicht ein unveränderliches Wesen wie der Jîva der Jainas oder der Âtman der «Upaniṣaden» geht nach dem Tod in einen neuen Körper ein. Vielmehr bedingt das Vergehen eines von Eigensein leeren Wesens gesetzmäßig das Entstehen eines neuen. Die Mosaiksteine gruppieren sich um, und kein bleibender Kern pflanzt sich vom ersten zum nächsten Bild fort. Indem Gautama das Bewußtsein sowohl von der Wahrnehmung bedingt als auch – wie in der zwölfgliedrigen Formel – als eine Voraussetzung der Wahrnehmung sieht, lehrt er ein rückbezügliches Verhältnis. Diese Rückbezüglichkeit legt die Nichtsubstantialität (*anâtman*) jedes *Dharma* offen, da es zum Bestehen von anderen abhängt. Im

Prozeß der Wiedergeburt kann deshalb nicht ein autonomes Bewußtsein einen neuen Körper ergreifen, sondern alle *fünf Gruppen* eines neuen Wesens bedingen einander: *Es ist nicht möglich, das Austreten aus einem Dasein und das Eintreten in ein neues Dasein oder das Wachsen, Zunehmen und Entwickeln des Bewußtseins unabhängig von Körper, Gefühl, Wahrnehmung und Strebungen zu erklären.*[129]

Gautama stellt mit der *Anâtman*-Lehre fest, daß das, was der Mensch als subjektive Existenz empfindet, das Produkt eines Zusammenspiels bedingt entstandener Faktoren ist, also nur relative Wirklichkeit besitzt. Der Unerlöste erlebt sich als etwas Eigenes, vom Prozeß des Werdens Abgesondertes, ist deshalb von *Gier* und *Haß* bestimmt und leidet. Erkennt er jedoch die Täuschung eines gesonderten Seins, dann hören Gier und Haß auf, und es gibt kein aus der Täuschung geborenes Wesen mehr, das Subjekt weiterer Wiedergeburt wäre. Die Erkenntnis der Scheinbarkeit eigenständiger Existenz bringt zugleich deren Ende. Wer hinter subjektivem Sein und objektiver Welt die bedingt entstehenden und vergehenden *Dharmas* erlebt, ist ans *Ende der Welt* gelangt.

Die Frage, ob man durch Gehen das Ende der Welt erreichen könnte, verneinte Gautama und sagte: *In diesem sechs Fuß hohen Leib mit seinem Wahrnehmen und Bewußtsein sind die Welt, das Entstehen der Welt, das Ende der Welt und der Pfad, der zum Ende der Welt führt, enthalten.*[130] Indem man in der Vertiefung den Körper, das Atmen, Fühlen und Denken als nicht durch sich selbst bestehende Gegebenheiten oder Produkte solcher Gegebenheiten erkennt, wird Erlösung verwirklicht.

Auch die Erlösung ist eine nicht analysierbare Gegebenheit, ein *Dharma*, den Gautama *Nirvâna* nennt. Dieser Begriff bezeichnet ursprünglich das *Erlöschen* von Feuer. Gautama verwendet das Wort im Sinn des Aufhörens unheilsamer Gegebenheiten: *Die Vernichtung von Gier, Haß und Verblendung wird Erlöschen (Nirvâna) genannt.*[131] Darüber hinaus finden sich Stellen, die dieses *Erlöschen* auf den ganzen Menschen beziehen. Nachdem Gautama schilderte, wie kleine Kinder ihre zuvor geliebten Sandburgen mit Händen und Füßen zerstören, wenn sie die Lust daran verlieren, fuhr er fort: *Lasse Körper, Gefühl, Wahrnehmung, Strebungen und Bewußtsein zerfallen, brich sie nieder, spiele nicht länger damit. [...] Das Versiegen des Durstes* [nach Körper, Gefühl etc.] *ist das Erlöschen (Nirvâna).*[132] Ein solches Zeugnis scheint anzudeuten, daß Gautama unter *Nirvâna* das vollkommene Ende der Existenz verstand. Dies würde bedeuten, daß der Erlöste mit seinem Tod vernichtet wäre. Dagegen spricht jedoch, daß er ein Wort gebrauchte, das mit Feuer assoziiert wurde. Nach altindischer Auffassung ist der ganze Raum von Feuer erfüllt, das durch Brennstoff in Erscheinung tritt und wieder unsichtbar wird, wenn dieser aufgezehrt ist. Gautamas Wahl dieses Wortes

Gautama bei
der Unterweisung
(China, 7. Jahrhundert;
Privatsammlung)

deutet an, daß der Erlöste, der Erloschene zwar nicht mehr erkennbar, deswegen aber nicht zwangsläufig vernichtet ist. Dennoch hatte Gautama sich dem Vorwurf zu stellen, die Vernichtung des Wesens zu lehren: *Was ich nicht bin und sage, dessen bezichtigen mich diese Śramanen und Brahmanen unrichtig, lügenhaft, falsch und unwahr: «Ein Verneiner ist der Śramane Gautama, er lehrt die Zerstörung, Vernichtung und das Untergehen des vorhandenen Wesens.» Jetzt wie zuvor lehre ich nur eines, das Leiden und sein Aufheben.*[133] Da Gautama kein für sich bestehendes Wesen kennt, kann ein solches nach seiner Lehre im Erlöschen nicht vernichtet werden. Dennoch bedeutet ihm *Nirvâna* mehr als das Erkennen der eigenen Bedingtheit und Auseinanderfallen des Wesens gleich einer Sandburg. Erlöschen ist für den Erlösten der *Ausweg* in ein *Ungeschaffenes*: *Es gibt ein Ungeborenes, Ungewordenes, Ungemachtes, Ungeschaffenes. Gäbe es nämlich nicht jenes Ungeborene, Ungewordene, Ungemachte, Ungeschaffene, so gäbe es keinen Ausweg aus dem Geborenen, Gewordenen, Gemachten und Geschaffenen. Weil es aber dieses Ungeborene, Ungewordene, Ungemachte, Ungeschaffene gibt, darum gibt es eben einen Ausweg aus dem Geborenen, Gewordenen, Gemachten, Geschaffenen.*[134]

Das damit angedeutete positiv Existierende ist – verglichen mit der vom Menschen erlebten Welt – ein ganz anderes: *Es gibt drei Merkmale des Ungeschaffenen: Entstehen zeigt sich nicht. Vergehen zeigt sich nicht. Veränderung des Bestehenden zeigt sich nicht.*[135] Vergänglichkeit und damit Bewegung, Grundgegebenheiten jeder Erfahrung, kommen im Reich des Erlösten nicht vor. So kann es Gautama seinen Hörern nur in verneinenden Aussagen beschreiben: *Es gibt ein Gebiet, wo weder Erde ist noch Wasser, noch Feuer, noch Wind, weder die Sphäre der Unendlichkeit des Raumes noch die Sphäre der Unendlichkeit des Bewußtseins, noch die Sphäre des Nichts, noch die Grenzsphäre von Wahrnehmung und Nichtwahrnehmung, weder Diesseits noch Jenseits, weder Sonne noch Mond. Dies nenne ich weder Kommen noch Gehen, noch Stillstehen. Ohne Grundlage, ohne Fortsetzung, ohne Stütze ist es: Das ist das Ende des Leidens.*[136]

Diese Lehre vom *Ungeschaffenen* wirft ein logisches Problem auf: Wie kann aus dem Zusammenhang des *Bedingten Entstehens* etwas heraustreten, die Welt überwinden oder aus ihr erlöst werden? Wenn die «Ich»-Erfahrung wie alles am Menschen in Abhängigkeit von anderem existiert und kein Sein an sich hat, was sollte das Aufhören dieser Erfahrung als erlöst überdauern? Hier besteht ein Widerspruch, den Gautama nicht auflöste oder erklärte. Auf die erlösende Praxis konzentriert, wollte er dem Unerlösten nicht erklären, was dieser in der Erlösung selbst erfahren sollte. Doch die buddhistische Tradition sah sich gefordert, den Widerspruch zu bereinigen. Die Schule der Sautrântikas lehrte, daß Erlösung einem Aufhören gleichkomme und danach nichts Erlöstes fortbestehe. *Nirvâna* bedeutete für sie einzig *Erlöschen*, Aufhören des Wesens und dahinter nichts mehr. Die Schule der Pudgalavâdins behauptet das Gegenteil: Jenseits des bedingt entstandenen Menschen nahm sie eine «Persönlichkeit» (pudgala) an, die Subjekt der Erlösung wäre. Derartige Versuche entfernten sich allerdings von Gautama, indem sie zur Lösung des Problems stets eine der beiden widersprüchlichen Aussagen ignorierten. Ohne Gegensatz zu Gautama erklärte schließlich der Philosoph Nâgârjuna (2. Jahrhundert u. Z.) den von diesem hinterlassenen Widerspruch: Er besteht nur für den Unerlösten aus seinem von *Gier, Haß und Verblendung* bestimmten Erleben. Für den Erlösten sind die bedingte Welt (Saṃsâra) und der Zustand des Erloschenseins (Nirvâṇa) nicht getrennt. Das *Ungeschaffene*, in das er tritt, ist unmittelbare Erfahrung des *Bedingten Entstehens*, also der Wirklichkeit im letzten Sinne. Der Erlöste bleibt in der Welt, in deren Zusammenhang er entstand und einzig bestehen kann. Sein Erlöstsein zeigt sich im Wirken für die Unerlösten, wie bei Gautama, der Teil der bedingten Welt und zugleich im Zustand des *Ungeschaffenen* war.

# Der Weg zur Erlösung

Alle Interpretationen des *Nirvâṇa* stimmen überein, daß es das Ende von *Gier, Haß und Verblendung* ist. Diese drei Begriffe bezeichnen Aspekte der Egozentrik. *Gier* bedeutet Habenwollen im weitesten Sinn: Man will Menschen und Dinge besitzen oder wünscht sich, daß erfreuliche Umstände eintreten. Hat man das Gewollte, hängt man daran und möchte es behalten. *Haß* ist die entgegengesetzte Aktivität: Menschen, Dinge oder Situationen, die man nicht will, lehnt man ab und weist sie von sich. Doch Ungewünschtes, zum Beispiel die Konfrontation mit dem Tod oder das Eintreffen ungewollter Begegnungen, läßt sich nicht vermeiden. Auch alles, was man an Gewünschtem erlangt, muß vergehen. Darum wird das von *Gier* und *Haß* bestimmte Dasein als leidvoll erlebt. Im Anziehen von Gewolltem und Abstoßen von Ungewolltem entsteht *Verblendung*, das heißt die Illusion des Getrenntseins von allem anderen. Der Mensch erfährt sich nicht als bedingt, sondern als von der Welt gesondertes, autonomes Subjekt, das sein Eigensein im Wollen und Ablehnen von anderem definiert.

*Gier, Haß und Verblendung* sind *Dharmas*, die einander gegenseitig bedingen: Aus *Verblendung* entspringen *Gier* und *Haß*, die ihrerseits die *Verblendung* aufrechterhalten. Darum erscheint in der zwölfgliedrigen Formel vom *Bedingten Entstehen* das *Nichtwissen*, ein Synonym für *Verblendung*, als Ursprung von Wiedergeburt und Leid, während es nach den *Vier Wahrheiten* der *Durst*, also die *Gier* ist. So bringt das Zusammenwirken mehrerer *Dharmas* den unerlösten Zustand hervor. Weder kann er auf nur eine einzige Ursache zurückgeführt werden noch ist sein Überwinden auf bloß ein Mittel beschränkt. Nicht ein bestimmter Stein muß aus dem Mosaik der leidvollen Wirklichkeit entfernt werden, sondern man kann unterschiedliche Steine entnehmen, um das Bild zu zerstören.[137]

Gautamas Erlösungsweg zielt auf das Übersteigen der Illusion, als gesondertes Wesen der Welt gegenüberzustehen. Die Einsicht in die Bedingtheit der eigenen Persönlichkeit oder die Befreiung von *Gier* durch *Vertiefung* sollen die Grenzen eines Ich sprengen, dessen Wunsch nach

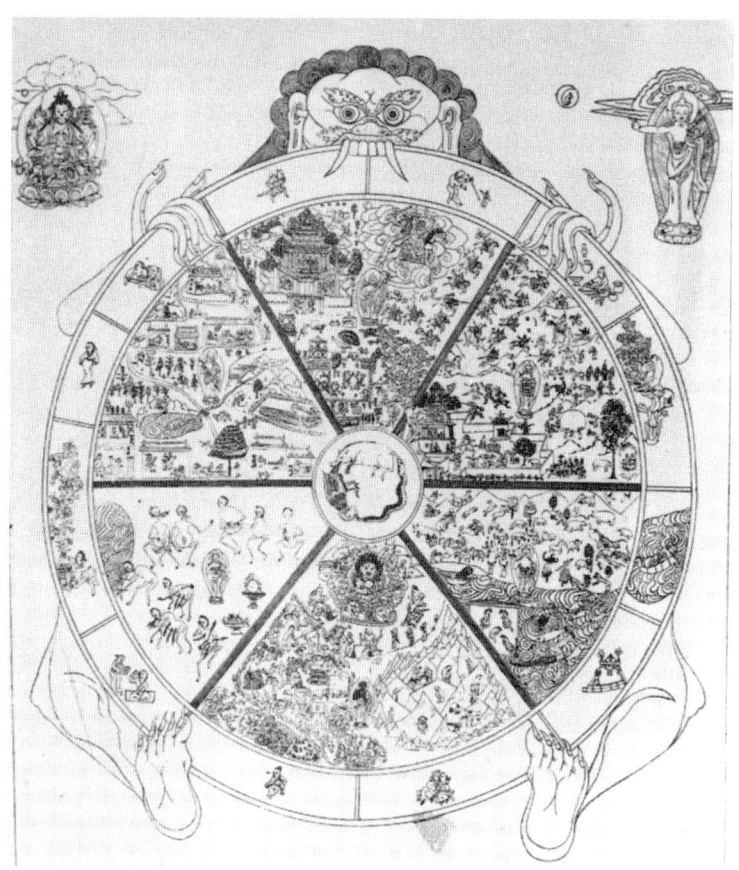

Das «Rad des Werdens»: Hahn, Schlange und Schwein (im Zentrum) sind Symbole für Gier, Haß und Verblendung, die das unerlöste Leben bestimmen. Die kleinen Bildzeichen an der Peripherie stehen für die zwölfteilige Formel vom «Bedingten Entstehen». Die sechs Felder des Rades zeigen Möglichkeiten der Wiedergeburt: Götterwelten, Unterwelt, Mensch, Tier oder Gespenst (Zeichnung aus Tibet)

Dauer und Substanzhaftigkeit ständig mit der vergänglichen Wirklichkeit in Konflikt gerät. Nicht Glaube oder Hoffnung entscheiden auf dem Weg zur Erlösung, sondern allein das richtige Vorgehen. Wer an die Möglichkeit der Erlösung glaubt, aber zur falschen Praxis greift, dem geht es wie jemandem, *der Milch möchte und eine Kuh am Horn melkt. Ob er dies*

81

*mit oder ohne Zuversicht tut, Milch erhält er nicht, weil das nicht der richtige Weg zur Milchgewinnung ist.* Wer dagegen am Euter melkt, wird auch ohne Hoffnung zu Milch kommen. Ebenso führen die geeigneten Methoden zur Erlösung, wobei der Glaube daran untergeordnete Bedeutung hat.[138] Obwohl Gautama davon ausgeht, daß sich die erlösende Praxis durch sich selbst beweist, gilt das Vertrauen in sein Erwachtsein, das heißt in seine höhere Weisheit, als Kraft, die zum Verwirklichen seiner Lehre anregt.[139]

Der erlösende Weg wird meist als graduelles Fortschreiten beschrieben. Vom Rechenmeister Maudgalyâyana befragt, ob es in seiner Lehre ähnlich wie in der Mathematik ein schrittweises Lernen gebe, legt Gautama sechs Stufen dar: Zuerst weist er den Schüler zur Beachtung grundlegender ethischer Regeln an. Als zweites gibt er die Übung, sehr bewußt alle sinnlichen Wahrnehmungen zu erleben: Man soll wissen, was gehört, gesehen, getastet, gerochen, geschmeckt und gedacht wird. Dies soll verhindern, daß man sich unbewußt an Wahrgenommenes klammert und durch das Haften daran Leiden schafft. Auf der dritten Stufe empfiehlt Gautama, beim Essen Maß zu halten. Als viertes folgt eine Kontrolle des Denkens, in dem unheilsame Tendenzen herausgefunden und überwunden werden sollen. Danach lernt der Schüler, jede Tätigkeit bei klarem Bewußtsein zu verrichten: Ob beim Essen, bei der Notdurft oder beim Gehen, immer soll er ganz bei der Sache sein. Darauf baut als sechste Stufe das Üben der *Vertiefungen* auf.[140]

Diese dem Rechenmeister geschilderten Stufen bilden eine von vielen Varianten, in denen Gautama den Erlösungsweg beschrieb. Das grobe Muster ist stets das gleiche: Nachdem ethische Grundregeln das äußere Leben ordneten, folgen das Bewußtwerden, *Vertiefung* und die Analyse der Wirklichkeit in sie bedingende *Dharmas*. Offensichtlich steht die Ethik an erster Stelle, weil sich im Rahmen einer egoistischen Lebensweise weitere Übungen zum Übersteigen der eigenen Grenzen kaum verwirklichen lassen. Die Auseinandersetzung mit dem persönlichen Handeln macht das Leid, das man aus *Gier, Haß und Verblendung* sich und anderen zufügt, und damit die eigene Beschränktheit bewußt.

Fünf Grundregeln stellte Gautama für alle seine Anhänger auf, fünf weitere für jene, die als Bettler (Bhikṣu) wie er Besitz und Bindung hinter sich ließen. Die Regeln für jedermann umfassen 1. Abstehen vom Töten, 2. *Nicht-Gegebenes nicht nehmen*, 3. kein unrechtes Handeln im sexuellen Bereich, 4. Vermeiden von Lüge und 5. Fernhalten von Rauschmitteln.

Die Regel, nicht zu töten, bezieht sich auf jedes Lebewesen. Es schließt das Tier ein, und der Bhikṣu wird angewiesen, sogar Pflanzen nicht unachtsam zu zerstören. Schutz des Lebens und Gewaltlosigkeit sind große Ideale der Lehre Gautamas: *Was es an Wesen gibt, ob schwach,*

Lehrender Gautama
(Indonesien, 8./9. Jahrhundert;
New York, The Metropolitan Museum
of Art, Fletcher
Fund, 1959)

*stark, lang, kurz, dick, dünn, groß, klein oder von mittlerer Gestalt, ob sichtbar, unsichtbar, fern oder nah, ob geboren oder ungeboren, alle sollen sie glücklich sein.* Man begegne diesen Wesen *wie eine Mutter, die ihr einziges Kind mit dem Leben beschützt.*[141] Es geht um eine Haltung, nicht um stures Anwenden eines Gebots. Deshalb muß jener, der sich prinzipiell jeder Fleischnahrung enthält, der gewaltfreien Haltung nicht näher sein, als der Fleischessende. Ein Lehrgedicht führt aus, daß Betrügen, Lügen und Heucheln oder Eigenschaften wie Geiz, Neid, Überheblichkeit, Prahlerei und Unfreundlichkeit schlimmer als Fleischessen sind.[142] Der Bhiksu soll bei einer Einladung Fleisch nur dann ablehnen, wenn er annehmen muß, das betreffende Tier wurde speziell für ihn geschlachtet.[143] Würde er aus Gewaltfreiheit grundsätzlich Fleisch zurückweisen, verkehrte er die Haltung ins Gegenteil. Er beginge eine Grobheit gegenüber dem Gastgeber, dem er die Möglichkeit zum Teilen seiner Nahrung nähme. Die Regel, die von Grenzen befreien soll, würde dann selbst zur Beschränkung. Gautama warnte vor dem *Haften an Regeln*, das eine ebenso hemmende Fessel sei wie der Glaube an ein ewiges Ich, die Zweifelsucht oder Gier.[144]

Wie es in Gautamas Ethik nicht um das prinzipielle Befolgen eindeutiger Gesetze geht, zeigt die Formulierung seiner zweiten Regel. Indem diese auffordert, *Nicht-Gegebenes nicht zu nehmen*, ist sie weiter gefaßt als ein Gebot, nicht zu stehlen. Letzteres bezieht sich auf fremdes Eigentum im rechtlichen Sinne. Gautamas Formulierung verlangt jedoch vom einzelnen eine Überlegung, was ihm gegeben ist oder zusteht. Das Resultat kann für verschiedene Menschen, aber auch für den gleichen Menschen im Laufe seiner Entwicklung sehr unterschiedlich aussehen. Während der eine kämpfen muß, keine Eigentumsdelikte zu begehen, gibt ein anderer große Teile seiner Einkünfte für Bedürftige und gemeinnützige Zwecke, und der nächste läßt allen Besitz hinter sich, um als Bhikṣu zu wirken.

Mit der dritten Regel, im geschlechtlichen Bereich nicht unrecht zu handeln, mahnt Gautama, keinen sexuellen Verkehr mit zu jungen oder gebundenen Menschen zu unterhalten. Für den Bhikṣu, der alle Bindungen aufgibt, fordert sie das Abstehen von geschlechtlichen Beziehungen.

Die vierte Regel verlangt vom Anhänger ein Abstehen von der Lüge: *Die Wahrheit spricht er, ist der Wahrheit ergeben, hält an ihr fest, ist vertrauenswürdig, betrügt nicht. Er spricht weder um seiner selbst willen noch um anderer willen noch um eines Vorteils willen jemals eine bewußte Lüge.*[145] Gautamas fünfte Regel empfiehlt, keine Rauschmittel zu nehmen: *Der Genuß zum Leichtsinn führender Rauschgetränke wie Wein und Branntwein bringt sechsfach Unheil. Er führt zum Verlust des Vermögens, zu Streit, zu Krankheit, bringt einen schlechten Ruf, zerstört die Scham und trübt die Einsicht.*[146]

Für den Bhikṣu gilt darüber hinaus, daß er 6. nach dem Mittagsmahl bis zum nächsten Tag nichts mehr ißt, 7. keine vergnüglichen Tanz- und Musikveranstaltungen besucht, 8. auf Schmuck, Duftwasser und Kosmetika verzichtet, 9. mit einfachen Nachtlagern zufrieden ist und 10. kein Gold und Silber, das heißt Geld, annimmt.[147]

Während die große Zahl der Anhänger sich eigenverantwortlich um die Regeln bemühte und ethische Probleme mit Gautama oder sie belehrenden Bhikṣus besprach, verpflichtete Gautama die Bhikṣus, Regelverstöße untereinander offen zu bekennen und Maßregelungen auszusprechen. Zu Neu- und Vollmond versammelten sie sich hierfür in den einzelnen Regionen. Allen Anhängern empfahl Gautama, an diesen Tagen statt der üblichen fünf auch die Regeln der Bhikṣus einzuhalten, wobei der Verzicht auf Schmuck und Kosmetika sowie auf Geld ausgenommen war, da sich dies nicht in den Alltag aller Erwerbszweige eingliedern ließ.[148]

Der *Edle Achtfache Pfad*, die bekannteste Formel für Gautamas Weg zur Erlösung, stellt der Verwirklichung ethischer Regeln *Vollkommene Einsicht* und *Vollkommene Gesinnung* voran. Eigene Erkenntnis und dadurch eine Änderung von Haltung und Denken erscheinen so als Voraussetzung eines heilsamen Verhaltens: *Wie dem Sonnenaufgang als Vorzeichen die Morgenröte, so geht dem Heilsamen als Vorzeichen die vollkommene Einsicht voraus.*[149] Das Erlangen von Einsicht kann sich an unterschiedlichen Objekten vollziehen. Ob es sich um Einsicht in das Leiden, die *Vier Wahrheiten*, die Vergänglichkeit oder das *Bedingte Entstehen* handelt, immer gibt es *zwei Bedingungen für das Aufsteigen vollkommener Einsicht*: *Belehrung durch einen anderen und eigenes weises Erwägen.*[150]

Ist die Einsicht in die Wahrheit nur eine teilweise, wird sie zur Vorstufe für ethisches Bemühen und Vertiefung. Durch Belehrung und Erwägung erlangte Einsicht in die Wahrheit gilt aber dann als unmittelbar erlösend, wenn sie tiefgehend ist. Ein Beispiel dafür ist die Geschichte des Śâriputra, den Gautama als seinen weisesten Schüler bezeichnete. Śâriputra traf zufällig Aśvajit, einen der fünf ersten Bhikṣus, und fragte diesen, was die Lehre Gautamas sei. Aśvajit antwortete in Kürze: «Die bedingten *Dharmas*, ihre Ursache und Aufhebung hat er dargelegt.»[151] Śâriputra soll durch Hören und Begreifen dieses Satzes den Weg zur Erlösung ohne Gefahr eines Rückschritts betreten haben. Als Śâriputra später Gautamas Worte hörte, daß Körper und Gefühle bedingt entstehen und ein dies Erkennender nicht mehr daran haftet, wurde er durch Erwägen dieser Aussage unmittelbar zum Arhat.[152] Solche Geschichten zeigen, wie der Erlösungsweg als graduelles Fortschreiten den durchschnittlichen Fall angibt. Es bestehen darüber hinaus unmittelbare Zugänge zur Erlösung durch spontane Einsicht in die Wahrheit. Im Falle Śâriputras war deswegen ein Bemühen um ethische Regeln und die Praxis der Vertiefung nicht geboten.

*Vollkommene Gesinnung* ist eine Grundhaltung, die den Charakter des Strebenden prägt. Er soll sich um eine *entsagende, haßfreie, friedfertige*[153] Einstellung bemühen.

Der dritte Aspekt des Pfades besteht in *vollkommener Rede*. Zum ethischen Grunderfordernis, vom Lügen abzustehen, treten Empfehlungen Gautamas, die sich auf Wirkung, Stil und Inhalt der Sprache beziehen. Sein Schüler soll bedenken, was seine Rede auslösen kann: *Hier Gehör-*

Gautama mit sechs Begleitern, im Hintergrund Ânanda und Kâśyapa der Große (China, 536; Zürich, Museum Rietberg, Sammlung von der Heydt)

*tes, sagt er dort nicht, um jene nicht zu entzweien. Dort Gehörtes, sagt er hier nicht, um diese nicht zu entzweien. Er eint Zerstrittene, ermutigt Einige. Eintracht freut ihn, und er spricht Worte, die Eintracht fördern.* Dazu tritt ein Bemühen um freundliche Worte, *die untadelig, angenehm zu hören und liebreich sind*. Auch die Inhalte der Rede sind zu berücksichtigen: *Er verwarf leeres Geschwätz. [...] Seine Worte sind denkwürdig, begründet, wohl bemessen und sinnvoll*.[154]

Als niedrig gelten *Gespräche über Regenten, Räuber, Minister, Heere, [...] Wagen, Dörfer, Märkte, Städte und Länder, Frauen und Helden*, weil derartige Gespräche *nicht zum Nirvâṇa führen*.[155]

*Vollkommenes Wirken* umfaßt die Verwirklichung der ethischen Grundregeln, wobei die dort formulierten Gebote des Lassens von Gautama noch durch positive Haltungen ergänzt werden. Über das Nicht-Töten zum Beispiel heißt es: *Ohne Stock und Schwert, zartfühlend, liebreich ist er auf das Wohl aller Lebewesen bedacht.*[156]

*Vollkommener Lebensunterhalt* bezieht sich auf die Art des Broterwerbs. Das eigene Auskommen darf nicht zum Nachteil anderer bestritten werden. Darum *soll der Anhänger fünf Arten von Geschäften aufgeben: Geschäfte mit Waffen, Lebewesen, Fleisch, Rauschgetränken und Gift.*[157] Nicht nur das Produkt der Arbeit oder Objekt des Handels soll kein Leiden für andere bedeuten, im beruflichen Verkehr soll überhaupt Ehrlichkeit herrschen: *Betrügen, Beschwatzen, Andeutungen machen, andere schlecht machen, bloße Gewinnsucht*[158] müssen vermieden werden.

Die drei letzten Glieder des *Achtfachen Pfades* beziehen sich auf die Praxis der Vertiefung.

*Vollkommene Anstrengung* hat vier Aspekte: Mit *vermeidender Anstrengung* bemüht man sich, daß Wahrnehmungen nicht zu unheilsamen Regungen führen, also Neid, Zorn, Gier oder andere egoistische Tendenzen das Denken bestimmen. *Überwindende Anstrengung* versucht, solche Tendenzen zu besiegen. *Erweckende* und *erhaltende Anstrengung* wollen Heilsames hervorbringen und stabilisieren.[159]

*Vollkommenes Vergegenwärtigen* ist eine Methode, die zur Vertiefung führt und schließlich zum Erkennen der die Wirklichkeit bedingenden *Dharmas*. Es geht darum, sich des momentanen Augenblicks bewußt zu werden. Ein unerwachter, unerlöster Mensch lebt nach buddhistischer Auffassung nicht wirklich in der Gegenwart. Da er von Gier bestimmt ist, kann er sich nicht mit dem Moment zufriedengeben. Auf die Zukunft bezogene Wünsche, Sehnsüchte und Ängste beanspruchen seine Aufmerksamkeit, weshalb er nicht erkennt, wie er in diesem Augenblick bedingt entsteht und vergeht. Anstatt in einem Wahrnehmungsakt zu erfahren, wie das eigene Bewußtsein vom wahrgenommenen Objekt abhängig ist, überkommt ihn Gier danach. Dies verstärkt die *Verblendung*, ein autonomes, vom Rest der Welt getrenntes Wesen zu sein. *Vollkommenes Vergegenwärtigen* soll dem entgegenwirken, indem es die Aufmerksamkeit von der durch Gier verzerrten auf eine unmittelbare Wirklichkeit verlagert. Die Methode beginnt mit einem Beobachten des Atmens. Der Übende begibt sich *an einen ruhigen, einsamen Ort. Still sitzend atmet er gegenwärtig ein und aus. Wenn er lang einatmet, weiß er: «Ich atme lang ein.» Wenn er lang ausatmet, weiß er: «Ich atme lang aus.»* Wenn er kurz

Gautamas liebevolle Ausstrahlung bändigt einen wilden Elefanten
(Indien, 9. Jahrhundert; Tokio, Sammlung Boney)

*einatmet, weiß er: «Ich atme kurz ein.» Wenn er kurz ausatmet, weiß er: «Ich atme kurz aus.» – «Indem ich den ganzen Körper klar wahrnehme, will ich ein- und ausatmen.» Auf diese Weise übt er.*[160] Der Übende soll mit ungeteilter Aufmerksamkeit den Atemvorgang begleiten. Die einfach klingende Anweisung läßt sich nur schwer verwirklichen, denn es gelingt kaum, sich ganz dem Atmen zuzuwenden. Schon nach kurzer Zeit werden Gedanken und Phantasien die Aufmerksamkeit in Anspruch nehmen. Es bedarf großer Geduld und langer Praxis, um die Betrachtung des Atmens auf größere Perioden auszudehnen und schließlich das so erlangte Gewahrsein eigener Gegenwart auf den ganzen Körper zu übertragen. Auch im Stehen, Gehen oder Liegen soll man sich dann seiner körperlichen Gegenwart bewußt sein.

In einem weiteren Schritt macht sich der Übende dann die zusammengesetzte Natur seines Körpers bewußt. *Er betrachtet diesen Körper von der Sohle bis zum Scheitel* und erkennt dabei: *Dieser Körper hat Kopfhaare, Körperhaare, Nägel, Zähne, Haut, Fleisch, Sehnen, Knochen, Knochenmark, Nieren, Herz, Leber [...], Gelenkschmiere und Urin.* Schließlich werden dahinter die vier Elemente als *Dharmas* erkannt, die sich nicht in weitere Bestandteile zerlegen lassen: *Dieser Körper besteht aus den Elementen Erde* [Festes], *Wasser* [Flüssiges], *Feuer* [Wärme] *und Luft. Wie ein Rindermetzger oder sein Geselle eine Kuh schlachten und in Stücke zerlegt zum Markt tragen*, sieht der Übende in diesem Stadium nicht mehr den ganzen Körper, sondern einzelne *Dharmas*, durch deren Zusammenwirken dieser entstand. Dann wird der Körper im Hinblick auf die Vergänglichkeit betrachtet. Der Übende stellt sich einen Leichnam vor, *von Krähen, Habichten und Geiern zerfleischt, von Hunden und Schakalen zerfressen, von vielen Würmern zernagt* und schließt davon *auf seinen eigenen Körper.* Ebenso werden die Gefühle betrachtet. Empfindet der Übende *ein angenehmes Gefühl, weiß er: «Ich empfinde ein angenehmes Gefühl.» Wenn er ein unangenehmes Gefühl empfindet, weiß er: «Ich empfinde ein unangenehmes Gefühl.» Wenn er ein weder angenehmes noch unangenehmes Gefühl empfindet, weiß er: «Ich empfinde ein weder angenehmes noch unangenehmes Gefühl.»*

Auch des jeweiligen Bewußtseinszustands soll man sich gewahr werden. Man *erkennt ein gieriges Bewußtsein als gierig, ein gierfreies als gierfrei, ein hassendes als hassend, ein haßfreies als haßfrei, ein verblendetes als verblendet, ein unverblendetes als unverblendet, ein angespanntes als angespannt, ein zerstreutes als zerstreut [...].*[161]

Nachdem der Übende gelernt hat, die unmittelbare Gegenwart in bezug auf Körper, Gefühl und Bewußtsein zu erleben, werden dahinter wirkende *Dharmas* wahrgenommen. Gautama empfiehlt, solche *Dharmas* und Gruppen von *Dharmas* zu betrachten, die mit dem Menschen und dem Erlösungsweg in Zusammenhang stehen: Zum Beispiel Gegebenheiten, die das Fortschreiten hemmen, wie *Verlangen, Übelwollen* und *Zweifel*, oder die *fünf Gruppen* am Menschen erkennbarer *Dharmas*, sowie zum Erwachen führende Faktoren wie *Gegenwärtigkeit, Tatkraft* oder *Gleichmut* gegenüber eigenem Glück und Leid, schließlich auch die *Vier Edlen Wahrheiten.*

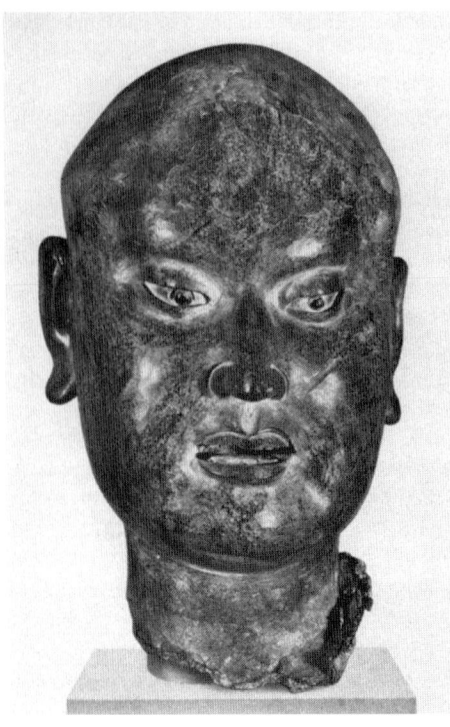

Kopf eines Arhat
(China, 10.–12. Jahrhundert; Chicago, Ill.,
Art Institute)

Im Prozeß *Vollkommenen Vergegenwärtigens* schafft die Atembetrachtung die Fähigkeit zum Vergegenwärtigen des Gefühls, Bewußtseins und der *Dharmas*. Dies führt zu Gegebenheiten, die das Erwachen bedingen, und damit zur Erlösung.[162]

*Vollkommene Sammlung*, das letzte Glied des *Achtfachen Pfades*, wird als *Einspitzigkeit des Bewußtseins*[163] beschrieben. Es ist die Konzentration aller Achtsamkeit auf ein bestimmtes Objekt, wodurch jener Vorgang der *Vertiefungen* einsetzt, der zu Gautamas Erwachen führte. Auch die beschriebenen Übungen der Vergegenwärtigung bedürfen der *Vollkommenen Sammlung*, wenn sie sich bis zu dem Grad vertiefen sollen, der nur von reinem Gegenwärtigsein und Gleichmut bestimmt wird.

Neben den Übungen der Vergegenwärtigung von Körper, Gefühl, Bewußtsein und *Dharmas* empfiehlt Gautama weitere Objekte der Sammlung. Betrachtungen über *den Buddha, seine Lehre, seine Gemeinde, die Sittlichkeit, die Freigebigkeit, die Götter, den Tod, den Körper, den Frieden* gelten wie die Atmung als geeignete Ausgangspunkte für die Vertiefung.[164]

Häufig werden in den Reden Gautamas auch die *Vier Brahma-Zustände* erwähnt, die man gleichfalls als Objekte der Sammlung ansieht. Der Anhänger soll vier *unermeßliche* Eigenschaften des Gottes Brahma erwerben: Liebe, Mitleid, Mitfreude sowie Gleichmut gegenüber eigenem Glück und Leid. Er «durchdringt mit von Liebe, Mitleid, Mitfreude, Gleichmut erfülltem Herzen eine Richtung, dann die zweite, die dritte, die vierte. Sich allem gleichsetzend durchdringt er oben, unten und überall die ganze Welt mit von Liebe, Mitleid, Mitfreude, Gleichmut erfülltem, weitem, entfaltetem, schrankenlosem Herzen, frei von Groll und Übelwollen.»[165]

Im umfassenden Prozeß des *Bedingten Entstehens* ist nichts und niemand von allem anderen getrennt. Indem der Übende seine ganze Aufmerksamkeit darauf richtet, die unermeßlichen Eigenschaften Brahmas zu entfalten, um sich jedem Wesen in allen Himmelsrichtungen gleichzusetzen, sprengt er die Grenzen seines scheinbar autonomen Ich-Seins. Die überlieferten Reden Gautamas enthalten keine genauen Anweisungen, welche Praktiken die Sammlung der Aufmerksamkeit auf diese *Unermeßlichen* bewirken. Doch bewahrt die Tradition entsprechende Anleitungen, die auf eine frühe Zeit zurückgehen können: Zum Beispiel soll man sich konkret vorstellen, wie man mit der Liebe, die man einem nahen Freund entgegenbringt, auch einem gleichgültigen und schließlich einem Menschen, den man nicht mag, begegnet.[166] Wer die *Unermeßlichen* verwirklicht, hat keine Feinde. Er *schläft und erwacht friedlich, hat keine schlechten Träume, ist Menschen und Geistern teuer, die Götter schützen ihn. Feuer, Gift und Waffen schaden ihm nicht.*[167] Von Gautama wird berichtet, daß er durch die Kraft seiner Liebe sogar einen wilden Elefanten bezähmte.

Der hier skizzierte *Achtfache Pfad* führt je nach Grad der Verwirklichung zum *Stromeintritt*, zur *Einmalwiederkehr*, zur *Nichtwiederkehr* oder zur Erlösung als *Arhat*. Der *Stromeingetretene* befindet sich auf dem sicheren Weg zur Erlösung und ist vor schweren Rückfällen sicher. Nach einer beschränkten Anzahl von Wiedergeburten wird er vollkommen von Gier, Haß und Verblendung befreit sein. Der *Einmalwiederkehrer* benötigt dazu nur noch ein weiteres irdisches Leben. Der *Nichtwiederkehrer* erscheint nach seinem Tod in einer Götterwelt, wo er das *Nirvâna* verwirklicht. Der *Arhat* hat dieses Ziel schon im gegenwärtigen Dasein erreicht. Diese unterschiedlichen Stufen dürften wesentlich zum Erfolg der Lehre Gautamas beigetragen haben. Bedurfte es der Lebensform des Śramanen, um ein *Arhat* zu werden, konnten die vielen Anhänger, die in Besitz und Bindungen lebten, zum Beispiel nach dem *Stromeintritt* streben und damit künftiger Erlösung sicher sein.

# Die sozialen Fragen

Zahlreiche Aussagen Gautamas über das Zusammenleben in der Gesellschaft hätten die Voraussetzung für eine systematische buddhistische Soziallehre geboten. Daß sich diese nicht in einem der Erlösungslehre vergleichbaren Ausmaß entwickelte, liegt vor allem an einer Wandlung, die mit der Bhikṣu-Gemeinschaft in den Generationen nach Gautama vorging. Aus den hauslosen Bettlern, die im unmittelbaren Kontakt mit allen Bevölkerungsgruppen und deren Problemen lebten, wurden mit zunehmender Ausbreitung der Bewegung Mönche, die in reichen Klöstern residierten. Die räumliche Distanz zu den Menschen, ihrer Arbeit und ihren alltäglichen Problemen war bald auch eine inhaltliche. Wirkte der Śramane als Ratgeber jener, die mit ihm ihre Nahrung teilten, befaßte sich der Mönch vornehmlich mit Fragen der eigenen Erlösung.

In diesem Übergang vom Śramanentum zu Klosterwesen und Seßhaftigkeit liegt ein weiterer Grund der Vernachlässigung sozialer Themen. Wandernde Lehrer, die sich heute in diesem, morgen im nächsten Staat aufhielten, konnten leichter Werte oder Kritiken äußern, die dem Herrscher mißfielen, als im Land ansässige Äbte und Gelehrte, deren Klöster der Monarch finanzierte. So beschränkte sich die Tradition nach Gautama weitgehend auf Themen der Erlösung und nachtodlicher Seligkeit, anstatt zu Fragen wie der Todesstrafe, individueller Rechte oder der Armenfürsorge in seinem Sinn Stellung zu beziehen.

Die Verbindung der Tradition mit den Mächtigen führte zu einer Konformität mit gesellschaftlichen Realitäten, die sich auf die Redaktion der Reden Gautamas auswirkte. Dort finden sich viele Konventionen der Epoche, die kaum im Einklang mit zentralen Lehren Gautamas stehen. Früheste buddhistische Auffassungen zu sozialen Fragen dürften am ehesten erkennbar werden, wo die überlieferten Texte Wertungen aussprechen, die vom allgemein Gültigen ihrer Zeit abweichen und mit wesentlichen Elementen der Philosophie und Erlösungslehre Gautamas übereinstimmen.

In einer bildreichen Rede[168] über den Ursprung sozialer Unterschiede

Lehrender Gautama (Indonesien, 8./9. Jahrhundert; New York, Sammlung Eilenberg)

schildert Gautama die Entwicklung vom Entstehen der Erde bis zur Gesellschaftsordnung, die er vorfand: Strahlende Götter, die sich in Schönheit und Geschlecht nicht unterschieden, wurden in der Vorzeit gierig auf die Erde, deren Kruste *wie frische Butter aussah und wie bester Bienenhonig schmeckte.* Indem sie von der Erde aßen, *erlosch ihr eigener Glanz*, die zuvor unstofflichen Wesen wurden zu materiellen, die zwischen schön und häßlich unterschieden. Waren sie in der göttlichen Gestalt alle gleich, setzten sich jetzt die Anmutigen von den Häßlichen ab: *«Wir sind schöner als sie. Sie sind häßlicher als wir.»* In diesem Mythos sind grundlegende Motive der Lehre Gautamas erkennbar: Für das Entstehen des Lebens auf der Erde war die *Gier* der entscheidende Faktor. Wo *Gier* ist, muß auch *Haß* sein; die nun materiellen Wesen zogen Grenzen zwischen sich. Im Verlauf der Erzählung schreitet die Differenzierung der Körper weiter fort, und es kommt zur Ausprägung weiblicher und männlicher Geschlechtsmerkmale. Dies steigerte wiederum die Gier nach dem Besitz von Menschen des anderen Geschlechts. Als Paare sich darauf von den anderen absonderten, erfand man das Haus als Ort des Rückzugs. Die Handlung des Mythos zeigt, wie *Gier*, sich im Streben nach Besitz und *Haß* als Abgrenzung von anderen gegenseitig bedingen und die Entwicklung in Gang halten. Hatte man bislang seine Nahrung bei Bedarf in der Natur geholt, die jedem im Überfluß alles bot, ging der Mensch dazu über, Vorräte anzulegen. Weil durch das gierige Aufspeichern Mangel für andere entstand, kam man überein, die Erde aufzuteilen. Indem es Eigentum gab, kam es zum Diebstahl: *Ein habgieriges Wesen schonte sein Feld, nahm ohne Erlaubnis von dem eines anderen und aß.* Als dies Schule machte, schlossen die Menschen einen Gesellschaftsvertrag. Sie wählten einen Regenten, der über das Respektieren des Eigentums zu wachen hatte: *Wir sollten durch gemeinsamen Beschluß jemanden bestimmen, der zurechtzuweisende Wesen zurechtweist, zu verwarnende verwarnt und zu verbannende verbannt. Wir wollen ihm jeder von unserem Reis einen Teil geben.* Dies war der Ursprung von Kriegerkaste und Herrschertum als erstem gesellschaftlichem Rangunterschied. Als zweites entstand die Brahmanenkaste aus solchen, die das Böse besiegen wollten. Am Anfang zogen sich einige Menschen in die Wildnis zurück, wo sie sich durch Übungen der Vertiefung um Läuterung bemühten. Solche unter ihnen, die dazu nicht imstande waren, ließen sich später wieder in der Gesellschaft nieder und verfaßten heilige Texte. Die Brahmanen sind darum Nachkommen derer, die in der Vorzeit die śramanische Lebensweise aufgaben.[169]

Wie der Mythos zeigt, bestimmten *Gier* und *Haß* seit dem Beginn des Lebens die Entwicklung der Erde und der Menschheit. Alles, was als Antwort auf durch sie bedingte Mißstände geschah, rief immer neue Auswirkungen dieser *Dharmas* hervor. Auch Staat und Priestertum, die als Reaktionen auf den Diebstahl entstanden, sind im großen Prozeß des gesellschaftlichen Werdens Verfallserscheinungen. Trotzdem gelten sie beim Stand der Entwicklung als Notwendigkeiten eines geregelten Zusammenlebens. Die Überwindung von *Gier, Haß und Verblendung* kann nur aus Einsicht vom einzelnen auf dem Erlösungsweg verwirklicht werden, und in der Regel werden sich nicht alle Glieder der Gesellschaft darum bemühen. Es ist deshalb Aufgabe der Herrschenden, auf Basis der fünf ethischen Grundregeln gewaltfrei zu regieren. Dann wird Frieden sein, kein Mangel auftreten, und die Menschen erreichen ein hohes Lebensalter.[170]

Als besondere Pflichten des Regierenden hebt Gautama das Gewährleisten von Sicherheit, das Einholen von weisem Rat und das Verhüten der Armut hervor. Zur Sicherheit bedarf es eines Heeres, das ein Land vor äußeren Aggressoren verteidigt. Wie das Ideal des besitz- und bindungslosen Bhikṣu gebietet, selbst dann nicht grob zu werden, *wenn ihm Mörder mit einer scharfen Säge Glied um Glied abtrennten*[171], gehört zur Verantwortung des Regierenden, Angriffe auf die ihm Schutzbefohlenen abzuwehren. Die Pflicht, weisen Rat einzuholen, mahnt ihn, regelmäßig Śramanen zu befragen. Hier soll der Mächtige, der über Eigentum und menschliche Beziehungen wacht, ein Korrektiv bei jenen finden, die all dem entsagt haben. Besondere Bedeutung kommt der Pflicht zu, keine Armut entstehen zu lassen. Wird nur für die Sicherheit gesorgt, jedoch versäumt, die Mittellosigkeit in der Bevölkerung zu bekämpfen, wird es notwendig zu Diebstahl und damit zum weiteren Verfall der gesellschaftlichen Bedingungen kommen.

Gautama berichetet von einem Herrscher der Vorzeit, der mit Eigentumsdelikten konfrontiert war, weil er nicht rechtzeitig Maßnahmen gegen die Armut in seinem Land ergriffen hatte. Zunächst reagierte er, indem er überführte Diebe unterstützte: «*Von diesem Geld sollst du leben, Vater und Mutter, Frau und Kind erhalten, dir ein Geschäft aufbauen, und auch Śramanen und Brahmanen spenden, damit du in eine Götterwelt gelangst.*» In der Bevölkerung glaubte man darauf, daß Stehlen mit Geld belohnt würde, was zum weiteren Diebstahl ansporte. Der Herrscher wußte sich nicht anders zu helfen, als den nächsten Dieb öffentlich enthaupten zu lassen. Doch die Todesstrafe zeigte das Gegenteil einer abschreckenden Wirkung. Die Achtung vor dem Leben schwand, Gewaltkriminalität griff um sich. Zudem kam das Lügen auf, weil aus Angst vor Bestrafung Delikte nicht mehr gestanden, sondern geleugnet wurden.

Entsprechend der Lehre von den *Dharmas*, die einer den anderen bedingen, wird in der Entwicklung der Gesellschaft nach konstituierenden Faktoren gesucht: Armut bedingt Diebstahl, Diebstahl bedingt Waffengewalt, Töten und Lügen. Diese Gegebenheiten führen dazu, daß die Lebenserwartung der Menschen abnimmt. Der gesetzmäßige Lauf der Dinge kann nicht verändert werden, indem man einzelne Symptome bekämpft: Der Regent, der dem jeweiligen Dieb helfen wollte, machte alles nur schlimmer. Statt dessen muß die Gegebenheit *Armut* aus dem Mosaikbild der Gesellschaft genommen werden, um auch die folgenden Erscheinungen verschwinden zu lassen.

Stehender Gautama (Indien, 5. Jahrhundert; Mathurâ)

Gautama erzählt von einem anderen Regenten, dessen Ratgeber er selbst in einem früheren Leben gewesen sei.[172] Das Land litt Not, während die Schatzkammern des Herrschers gefüllt waren. Als dieser um seines Heiles willen einen kostspieligen Opferritus veranstalten wollte, verwies der Ratgeber auf Unsicherheit im Land durch Fälle von Plünderung und Raub. Er empfahl, zunächst Abhilfe zu schaffen, jedoch von Todesstrafe, Gefängnis, Enteignung, Entehrung oder Verbannung der Täter abzusehen. Er argumentierte mit mangelnder Abschreckungswirkung, weil jene, die der Strafe entgehen, *damit fortfahren, das Land zu zerstören*. Sinnvoller wären zur Bekämpfung der Kriminalität gezielte Subventionen, um durch Initiative der Menschen die Armut zu besiegen: *Du solltest jenen Bewohnern, die den Acker bestellen und Vieh halten wollen, Samen und Futter geben, jenen, die Handel treiben wollen, Kapital*. Wenn man in dieser Weise die Bedürftigen unterstützte, zerstörte keiner mehr das Land, der Schatz des Herrschers würde anwachsen *und das Volk wird voll Freude mit den Kindern auf den Armen tanzen und die Türen der Häuser nicht länger verschließen*.

Obgleich Gautama der politischen Realität folgend vom Herrscher oder Regenten (Râja) spricht, stand er der Alleinherrschaft eines Monarchen kritisch gegenüber. Als König Ajâtaśatru von Magadha den republikanischen Staat der Vṛji erobern wollte und Gautamas Meinung darüber einholen ließ, riet dieser ab. Er nannte sieben Aspekte, die ein Gemeinwesen vor dem Niedergang bewahren und die von den Vṛji beachtet würden[173]: 1. regelmäßige und gut besuchte Ratsversammlungen; 2. Zusammenkommen, Fassen und Ausführen der Beschlüsse in Eintracht; 3. Festhalten an bewährten Gesetzen; 4. Achtung vor alten Menschen; 5. keine Gewalt gegen Frauen; 6. Pflege alter Denkmäler und Traditionen; 7. Schutz und Versorgung von Śramanen, die durch das Land kommen.

Gautama wandte diese Punkte im übertragenen Sinne auch auf seine Bhikṣu-Gemeinschaft an. Diese entsprach in ihrer Struktur jener der Republiken und sah keinen Alleinherrscher vor. Die Bhikṣus versammelten sich regelmäßig in den verschiedenen Regionen. Beschlüsse waren nach Diskussion durch Abstimmung zu fassen. Solange Gautama lebte, war er die höchste Autorität, und die Gemeinschaft verehrte ihn als einen Buddha, der Wahrheit unmittelbar entdeckte. In dieser Funktion konnte es keinen bestimmbaren Nachfolger geben. Bewußt ernannte Gautama keinen Führer der Gemeinschaft. Als sein Vetter Devadatta vorschlug, die Leitung zu übernehmen, wies Gautama ihn zurück, und auf dem Sterbelager betonte er, daß seine Lehre fortan der Führer der Gemeinschaft wäre.[174] Gautama sah die Bhikṣus, die sich zwar in der Verwirklichung der erlösenden Praxis unterscheiden konnten, im täglichen Leben doch als einander gleiche Brüder, die Fragen von gemeinsamem Interesse einvernehmlich lösen sollten.

Diese Gleichwertigkeit galt nach Gautamas Lehre prinzipiell für alle Menschen. In der Realität beanspruchten die Brahmanen eine Führungsrolle, indem sie ihre Höherwertigkeit von Geburt betonten. Gautama hielt dem entgegen, daß bei einem Menschen nur das zählt, was er verwirklicht und tut, nicht jedoch die Abkunft. Häufig findet sich in seinen Reden der Versuch, den Begriff des Brahmanen anders zu bestimmen als die Vertreter der Kaste. Diese sprachen von einem Brahmanen, wenn man «von Vater und Mutter bis zur siebten Ahnengeneration»[175] Kastenreinheit nachweisen konnte. Gautama dagegen nannte jeden einen Brahmanen, der Gier und Haß in ihren vielfältigen Formen überwunden hatte.[176] In diesem Sinn bestritt er auch das Monopol der Brahmanen, religiöse Opfer zu vollziehen. Die üblichen blutigen Rituale, bei denen Ziegen, Rinder, Schweine oder andere Tiere geopfert wurden, widersprachen ohnehin seinem Gebot, nicht zu töten.

Statt dessen empfahl er Stoffe wie Butter, Öl und Honig für die Darbringung. Grundsätzlich bestimmte er den Begriff des religiösen Opfers neu, indem er das Befolgen der fünf ethischen Gebote oder die Disziplin eines Bhikṣu zu einem Opfer erklärte.[177]

Oft suchten standesbewußte Brahmanen, die sich von solchen Aussagen provoziert fühlten, die Auseinandersetzung mit Gautama. Eine Episode handelt von einem jungen Brahmanen, der im Auftrag seines Lehrers ausforschen sollte, ob Gautama seinem Ruf gerecht würde.[178] Als es zur Begegnung kam, wollte der Brahmane nicht Platz nehmen, weil er mit einem Menschen unteren Standes nicht sitzen dürfe. Gautama reagierte auf diese Überheblichkeit mit der Behauptung, unter den Vorfahren seines Gesprächspartners fände sich nicht nur eine Magd, sondern auch ein *Schwarzer*, möglicherweise eine Anspielung auf die drawidische Urbevölkerung. Beides muß für den stolzen Angehörigen der arischen Priesterkaste eine große Demütigung gewesen sein. Als andere anwesende Brahmanen ihn wegen des schwarzen Vorfahren verhöhnten, erklärte Gautama, daß der *Schwarze* ein bedeutender Heiliger war. Wer Weisheit besitzt und den Erlösungsweg, kennt *keine Kaste, keinen Stammbaum und keine Worte wie: «Du reichst an mich heran» oder «Du reichst nicht an mich heran.»*

In einem anderen Gespräch mit Brahmanen führte Gautama den gleichen Körperbau der Menschen als Argument gegen die Verschiedenheit von Geburt an: Bei Wesen wie Pflanzen, Vierfüßlern, Vögeln und Fischen läßt sich jeweils eine große Artenvielfalt erkennen. Doch bei den Menschen, die alle von gleichem Körperbau sind, gibt es von Geburt aus keine verschiedenen Arten. Wenn man bei Menschen Unterscheidungen trifft, wie jene, daß man jemanden, der Vieh züchtet, einen Bauern nennt, oder einen anderen Handwerker, so sind das lediglich Benennungen, die nicht wirkliche Ungleichheiten bezeichnen.[179]

Die Auffassung von der Nichtdauer und Nichtsubstantialität (Anâtman) erlaubt kein grundsätzliches Einordnen eines Menschen. Nach der Lehre vom *Bedingten Entstehen* ist jede Persönlichkeit in steter Veränderung und läßt sich nicht auf eine Rolle oder Bewertung festschreiben. So kann auch bei entsprechenden Bedingungen der Gute stets zum Bösen werden, solange der *Stromeintritt* nicht verwirklicht ist. Umgekehrt kann aus dem Bösen jederzeit ein Guter und sogar ein Erlöser werden.

Das eindrucksvollste Beispiel hierfür ist Angulimâlya, ein gefürchteter Räuber und Mörder, der Gautama überfallen wollte. Zunächst von der Furchtlosigkeit, schließlich von der ganzen Persönlichkeit Gautamas angesprochen, wurde er dessen Schüler und in kurzer Zeit ein Arhat. Gautama erwirkte für ihn Begnadigung bei Prasenajit, dem König von Kośala, und Angulimâlya konnte fortan als Bhikṣu leben.[180]

Zur grundsätzlichen Gleichwertigkeit der Menschen gehört jene der Geschlechter. Indien zur Zeit Gautamas war eine von Männern dominierte Gesellschaft. Daher sind zwar in den meisten überlieferten Gesprächen Männer die Partner Gautamas, doch gibt es auch zahlreiche Unterredungen mit Frauen. Es läßt sich kein Unterschied in Gautamas Versuch feststellen, jedem Menschen die Erlösungslehre und ethische Werte zu vermitteln. Daß er die Frau nicht nur als Hörerin ernst nahm, sondern auch als Lehrerin schätzen konnte, zeigt das Zeugnis, das er seiner Schülerin Dharmadinnâ ausstellte. Er nannte ihre Rede weise, und meinte, er selbst könnte keine andere Auskunft geben als diese Frau.[181]

Ein beispielhaftes Zeugnis für das Recht der Frau auf Selbstbestimmung findet sich in Gautamas Lob des Händlers Ugra, der ihm als vorbildlich unter den Anhängern galt. Ugra gab seinen Frauen, die er nach damaliger Sitte als Besitz von deren Eltern erwarb, die Freiheit. Er stellte sie vor die Wahl, entweder ohne Verpflichtung, ihm zu Willen zu sein, bei ihm zu bleiben, oder eine andere Entscheidung zu treffen. Als seine bevorzugte Frau darauf gestand, sie liebte einen anderen, richtete Ugra selbst ihre Hochzeit mit diesem Mann aus. Daß er dies ohne Gram und Eifersucht vermochte, lobte Gautama als hervorragende Eigenschaft.[182]

Obwohl Gautama grundsätzlich von der Befähigung der Frau und ihrem Recht auf Selbstbestimmung ausging, soll er ursprünglich abgelehnt haben, in seiner Bewegung Frauen zum Śramanentum zuzulassen. Es wird berichtet[183], daß seine Stiefmutter Mahâprajâpatî Gautamî dreimal vergeblich bat, als seine Schülerin in die Hauslosigkeit ziehen zu dürfen. Schließlich wollte sie vollendete Tatsachen schaffen. Sie ließ sich die Haare schneiden, legte ein Śramanengewand an und folgte Gautama in Beglei-

Sudatta Anâthapiṇḍada (Mitte) besiegelt mit Wasser aus einem Zeremonialgefäß die Schenkung des Jeta-Hains an Gautama (2. Jahrhundert v. u. Z.; Kalkutta, Indisches Museum)

tung anderer Frauen, die gleichfalls Bindung und Besitz aufgeben wollten. Als Ânanda die greise Stiefmutter Gautamas «mit geschwollenen Füßen, schmutzigen Gliedern, voll Kummer und Verzweiflung, weinend» sah, wollte er Gautama umstimmen. Nachdem dieser auch ihm gegenüber ablehnte, stellte Ânanda die grundsätzliche Frage, ob eine Frau im Śramanentum fähig wäre, den Stromeintritt, die Einmalwiederkehr, die Nichtwiederkehr oder die Erlösung als Arhat zu erwirken. Da Gautama dies bejahte, beschwor ihn Ânanda, er möge aus Dankbarkeit für Mahâprajâpatî Gautamî, die ihn nach dem Tod seiner Mutter gestillt hätte, die Frauen zum Śramanentum zulassen. Schließlich gab er der Bitte statt.

Seine anfängliche Weigerung begründete er nicht. In einer Gesellschaft, die weibliche Angehörige hauptsächlich im geschützten Familienverband kannte, mag er Gefahren für allein wandernde Frauen gesehen haben. Dafür spricht seine Anordnung, die Bettlerinnen müßten sich in der Nähe und unter Aufsicht von Bhikṣus aufhalten. Vielleicht fürchtete er auch öffentlichen Widerstand gegen die gesamte Bewegung, wenn zu viele Frauen, die mit zweitrangigen Stellungen in der Familie unzufrieden waren, unter seiner Schirmherrschaft ihre Bindungen hinter sich gelassen hätten.[184]

Die Bhikṣu-Gemeinschaft war im Laufe der Geschichte nicht glücklich über die Frauenorganisation, für die sie Verantwortung trug. Schon Ânanda wurde nach Gautamas Tod kritisiert, um diese Gründung gebeten zu haben. Die Zugehörigkeit von Frauen scheint für viele der zölibatär lebenden Männer eine unerwünschte Versuchung gewesen zu sein. So fanden zahlreiche frauenfeindliche Aussagen, die im Gegensatz zur Grundhaltung Gautamas stehen, Eingang in die kanonischen Schriften. Es heißt zum Beispiel, die Frau sei wie eine schwarze Schlange «schmutzig, stinkend, feige, gefährlich und treulos» oder «häufig von starker Begierde ergriffen».[185] Auf der anderen Seite wurde die Überlieferung positiver Wertungen über Frauen vernachlässigt.[186]

Ökonomische Basis für den Unterhalt der männlichen und weiblichen Hauslosen waren Gautamas zahlreiche Anhänger aus allen Bevölke-

Ruinen einer buddhistischen Klosteranlage im Jeta-Hain

rungsschichten. Für die verdienstliche Handlung, die Śramanen zu ernähren, erhoffte man sich einerseits konkrete Hilfestellungen in religiösen und ethischen Fragen, andererseits eine bessere Wiedergeburt.

Gautama lehrte seine Anhänger das Ideal des Vaters oder der Mutter einer Familie, die durch gesellschaftlich nützliche Tätigkeiten in Beruf, Haus und Hof eigenen und gemeinschaftlichen Wohlstand ermöglichen. Der gute Anhänger *verdient mit einer Arbeit seinen Unterhalt, sei es mit Ackerbau, Handel oder Viehzucht, als Bogenschütze* [d. h. Soldat] *oder Beamter des Regenten oder mit einem Handwerk. Er ist fleißig dabei und*

Pûrṇa Maitrâyaṇîputra, der einem fernen Volk Gautamas Lehre brachte (Japan, 8. Jahrhundert; Kôfukuji)

*nicht lässig.*[187] *Er schützt seine mit ehrlicher Arbeit erworbenen Güter, damit nicht Fürsten oder Räuber sie ihm nehmen, Feuer sie vernichtet, Wasser sie wegspült oder böse Verwandte sie sich aneignen.* Er achtet darauf, daß sich sein Besitz vermehrt und gestaltet deshalb *sein Leben dem Einkommen entsprechend nicht zu aufwendig und nicht zu bescheiden. Dabei bedenkt er: «So werden die Einkünfte meine Ausgaben übertreffen und nicht meine Ausgaben die Einkünfte.»* Gefahren für das Eigentum wie *sexuelle Ausschweifung, Trunksucht, Glücksspiel und Umgang mit falschen Freunden* gilt es zu meiden. Ferner denkt der Anhänger daran, Rücklagen für Notfälle zu schaffen. Er unterstützt Verwandte und leistet seine Steuern an Regenten und Götter. Auf Grundlage seiner gesicherten materiellen Verhältnisse genießt er seinen Wohlstand und macht *Vater, Mutter, Frau, Kind, Diener, Knechte und Freunde glücklich, zufrieden und bereitet ihnen vollkommene Freude.*[188]

Die Mitglieder der Familie sollen einander in Wertschätzung und Dankbarkeit verbunden sein. Überhaupt läßt sich der Charakter eines Menschen an seiner Dankbarkeit erkennen.[189] Besonders den Eltern, die einem das Leben geschenkt haben, gebührt Dank: *Könnte man auf einer Schulter die Mutter tragen, auf der anderen den Vater* [...], *ihnen durch Salben, Massieren, Baden und Reiben der Glieder dienen, auch wenn sie dabei ihre Notdurft verrichteten, nicht genug hätte man für die Eltern getan.*[190] Eine Familie soll Nachkommen haben, *damit der Pflegling später zum Pfleger* [der Eltern] *werde, er Arbeit für sie verrichtet, die Familie sich lange erhält, er das Erbe antritt und für die Verstorbenen Opfer spendet*[191].

Reichen Händlern, die sich von dem geschilderten Ideal angesprochen fühlten, kam durch ihre materiellen Möglichkeiten eine wichtige Bedeutung zu. Besondere Erwähnung findet in den Texten Sudatta Anâthapiṇḍada aus Śrâvastî. Dieser wohlhabende Händler stiftete den Jeta-Hain, ein Grundstück, auf dem er eine Herberge für wandernde Bhikṣus errichten ließ, die auch Gautama als Rückzugsort während Regenzeiten diente. Die Stiftung solcher Zentren trug wesentlich zur Verbreitung der Bewegung bei, schuf aber zugleich die Grundlage für die spätere Seßhaftigkeit der Bhikṣus.

Gautama hatte die Bhikṣus nachdrücklich vor den Gefahren der Seßhaftigkeit gewarnt. Wer lange am gleichen Platz wohnt, sammelt Besitz an, beginnt auf sein Ansehen zu achten, und es erwachsen ihm aus regelmäßigen Kontakten Verpflichtungen.[192] Ursprünglich kam dem Wandern auch eine soziale Bedeutung zu, sollte doch möglichst vielen Menschen die Lehre Gautamas vermittelt werden. Die Überlieferung erinnert sich diesbezüglich des Bhikṣu Pûrṇa Maitrâyaṇîputra, der sich zum Verbreiten der Lehren in ein verrufenes fernes Land aufmachte und Gautama zuvor versicherte, daß er sich vor Mißhandlung oder Tod nicht fürchte.[193]

Maitreya, der Buddha der Zukunft (Japan, 7. Jahrh.; Nara, Chûgûjï-Tempel)

Die bildhaften Reden Gautamas[194], die vom Auf und Ab der Gesellschaft handeln, zeigen, daß ihm seine eigene Epoche in eine niedergehende Entwicklung eingebettet schien. In der Vorzeit, als noch nicht Diebstahl, Gewalt und Lüge das Leben der Menschen bestimmte, konnte man glücklich ein Alter von 80000 Jahren erreichen, zu seiner Zeit gelten 100 Jahre schon als alt. Durch weitere Zunahme des Unheilsamen kommt eine Periode, in der die Lebenserwartung nur noch zehn Jahre beträgt. In dieser Zeit werden die Menschen in einem siebentägigen Krieg übereinander herfallen und sich nahezu ausrotten. Wenige Überlebende gründen auf Basis der fünf ethischen Gebote eine neue Gesellschaft, die sich über viele Generationen höherentwickelt, bis es schließlich mit Maitreya wieder einen Buddha auf der Erde gibt. *Er wird eine Gemeinschaft mit vielen tausend Bhikṣus führen, wie ich heute eine mit vielen hundert führe.* Diese Erzählung ist eine Mahnung, nicht auf bessere Zeiten, längeres Leben und größeres Glück zu warten. Die Zeiten werden schlechter, der Tod ist sicher, erst in ferner Zukunft offenbart der nächste Buddha erneut die Wahrheit. Darum kommt alles darauf an, sich in der Gegenwart nach Vermögen der erlösenden Praxis zu widmen.

# Gautamas Tod

Unter den Bhikṣus um Gautama ragen besonders Śâriputra und Maudgalyâyana hervor, die er als seine größten Schüler bezeichnete. Die beiden Freunde werden in den Texten als Gegensatzpaar dargestellt: Śâriputra gilt als hervorragender Gelehrter, dessen Wissen und Weisheit niemand in Gautamas Gemeinde übertraf, während Maudgalyâyana wegen außergewöhnlicher Kräfte gerühmt wird, die er in der Vertiefung gewann. Gehen ihm zugeschriebene Reden[195] tatsächlich auf Śâriputra zurück, war er der erste, der versuchte, Gautamas Lehren systematisch zu ordnen. Von Maudgalyâyana werden Visionen berichtet, in denen er mit Göttern[196] und mit Mâra sprach.[197] Beide Hauptschüler waren älter als Gautama und starben vor ihm. Nach ihrem Tod sagte Gautama, daß ihm die Versammlung der Bhikṣus nun *leer* erscheine.[198]

Śâriputra und Maudgalyâyana waren entscheidend am Überwinden der für die Bewegung schwersten Krise beteiligt.[199] Gautamas Vetter Devadatta strebte nach der Führung der Gemeinschaft und verlangte strengere Regeln für die Bhikṣus. Er forderte, sie sollten nur im Wald leben, sich von Ortschaften fernhalten und keine Bewirtung im Haus eines Anhängers annehmen. Die Bhikṣus sollten sich keine Gewänder schenken lassen, sondern nur gefundene Lumpen tragen. Statt unter Dächern müßten sie immer unter Bäumen wohnen. Schließlich wollte Devadatta die Gemeinschaft zur vegetarischen Ernährung verpflichten. Gautama lehnte dies als dem *Mittleren Weg* widersprechende Extreme ab. Doch es gab zahlreiche Śramanen, die einer strengeren Askese zuneigten, und es gelang Devadatta, die Gemeinschaft der Bhikṣus zu spalten. Gautama beauftragte Śâriputra und Maudgalyâyana damit, Devadattas Schüler zu mahnen, ihren Schritt zu überdenken, womit sie nach der Überlieferung Erfolg hatten.[200]

Die Überlieferung verbindet Devadattas Spaltungsversuch mit einer Palastrevolution in Maghada, wo Ajâtaśatru seinen Vater Bimbisâra, einen treuen Anhänger Gautamas, entthronte. Ajâtaśatru und Devadatta sollen sich verbündet haben, um Gautama zu töten. Doch so wie die

Gautama mit Śâriputra und Maudgalyâyana (Gemälde aus Thailand, 18. Jahrhundert; München, Museum für Völkerkunde)

Bogenschützen Ajâtaśatrus sich weigerten, auf Gautama zu schießen, scheiterten auch alle anderen Mordversuche. Die Anschläge auf Gautama sind Bestandteil jeder klassischen Biographie und finden sich auf frühen Reliefs mit Darstellungen seines Lebens. Dies macht wahrscheinlich, daß es sich um die Erinnerung an historische Ereignisse handelt. Trotzdem sind Zweifel am Platz, ob Devadatta berechtigt damit in Verbindung gebracht wird. Kanonische Texte zählen ihn unter die bedeutendsten

Der sterbende Gautama (Gemälde aus Tibet; Ausschnitt)

Bhikṣus um Gautama. Dies läßt darauf schließen, daß Berichte um seine Verwicklung in die Anschläge relativ spät entstanden.[201] Zudem scheint wenig wahrscheinlich, daß er als Vertreter strenger Gebote, für den gewaltfreies Handeln Vegetarismus einschloß, zum Mord seines Lehrers anstiftete. Hingegen wäre denkbar, daß Ajâtaśatru, als er nach der Macht griff, sich auch des Beraters seines Vaters entledigen wollte. Eine Allianz zwischen dem weltabgewandten Asketen und dem machtgierigen Fürsten ist dabei wenig glaubhaft.

Wahrscheinlich entwickelte sich die Gestalt Devadattas in der buddhistischen Literatur erst allmählich zum Bösewicht. Als man nach Gautamas Tod zunehmend Prinzipien wie das Wandern zugunsten des Klosterwesens aufgab, könnte sich dagegen Opposition unter Berufung auf Devadatta formiert haben, der es mit der Armut und Nichtseßhaftigkeit ernst nahm. Darauf folgende Polemik aus Kreisen der etablierten Bewegung, ließ dann aus dem einst angesehenen Vetter des Meisters den Hintermann von Palastrevolution und Mordanschlägen werden. Als Bösewicht, der schon in seinen Kindertagen Gautama feindlich gesonnen war, wurde er schließlich ein Lieblingsmotiv buddhistischer Erzählungen.

In den Berichten über Gautamas letzte Lebensphase wird die politische Situation der Zeit deutlich. Die Monarchien strebten danach, sich die noch verbliebenen Republiken einzuverleiben. Ajâtaśatru stürzte mit seinem Vater Bimbisâra einen Monarchen, der als Anhänger Gautamas vielleicht zu wenig expansiv dachte. Wie schon erwähnt, wollte Ajâtaśatru nach seiner Machtübernahme die Vṛji-Republik erobern.

Zu jener Zeit soll auch der Monarch von Kośala eine Strafexpedition gegen den Śâkya-Staat unternommen und Gautamas Heimatstadt Kapilavastu zerstört haben. Als Anlaß des Feldzugs wird eine Demütigung des Herrscherhauses von Kośala berichtet: Gautamas Familie gab dem Râja Prasenajit, der eine Śâkya-Prinzessin als Frau erbat, die Tochter eines Kriegers mit einer Dienerin, verschwieg allerdings die nicht kastenreine Herkunft. Prasenajits Sohn nahm nach seiner Thronbesteigung diese Erniedrigung zum Anlaß des Angriffs.

Mit Bimbisâra und Prasenajit hatte Gautama zwei Anhänger verloren, die sich als Regenten zu seinen Werten bekannten und seine Bewegung förderten. Dies mag für einige Jahre Machtstreben und Kampf eingedämmt haben. Doch unter der Generation der Thronfolger ging die Expansion der Monarchien weiter und führte schließlich unter Aśoka im 3. Jahrhundert v. u. Z. zu einem indischen Großreich.

Kuśinagarî: der zylindrische Stûpa am Sterbeplatz Gautamas

Das jahrzehntelange Wanderleben blieb im Alter nicht folgenlos für Gautamas Gesundheit. Hinweise in den Quellen deuten auf Beschwerden, die sich allmählich einstellten. Von Vertretern des Śâkya-Staates gebeten, in Kapilavastu ein neues Versammlungsgebäude einzuweihen, gab Gautama nach längerer Rede das Wort an Ânanda weiter, weil er sich hinlegen mußte.[202] Im 80. Lebensjahr machte sich zunehmend Schwäche bemerkbar. *Alt und gebrechlich bin ich jetzt, am Ende meines Lebens, ein Greis von achtzig Jahren. Wie Stricke einen alten Karren zusammenhalten, wird auch mein Körper von Stricken zusammengehalten.*[203]

Nach einer Mahlzeit bei einem Anhänger, dem Schmied Cunda, erkrankte Gautama schwer. Es heißt, daß er starke Schmerzen bei klarem Bewußtsein ertrug und sein Denken nicht davon beeinflussen ließ. Kaum hatte er sich etwas erholt, machte er sich mit Ânanda und «vielen anderen Bhikṣus» auf den Weg nach Kuśinagarî, der Hauptstadt der Malla-Republik. Dort wollte er sterben. Auf seiner letzten Wanderung hatte Gautama gegen die Schwäche zu kämpfen und benötigte Pausen: *Ânanda, lege mein Gewand vierfach gefaltet auf den Boden, ich bin müde und möchte ruhen.* Seine Sorge galt dem Schmied, dessen Nahrung die Krankheit wohl ausgelöst hatte, und er wies Ânanda an, keine Vorwürfe gegen diesen aufkommen zu lassen. Vielmehr sollte man ihn trösten, weil es besonders verdienstlich sei, einem Buddha die letzte Mahlzeit zu reichen.

In einem Hain bei Kuśinagarî ließ sich Gautama sein Sterbelager bereiten und legte sich «klaren Bewußtseins auf die rechte Seite, einem Löwen gleich, mit einem Fuß über dem anderen».

Einen Bhikṣu, der ihm frische Luft fächeln wollte, schickte er weg. An dieser Episode kann beispielhaft gezeigt werden, wie die Tradition den Bericht vom Tod Gautamas mythisch ausgestaltete. Das Unverständnis, weshalb der Bhikṣu, der ihm sonst zu fächeln pflegte, fortgeschickt wurde, erklärte man damit, daß dieser den Göttern, die von Gautama Abschied nehmen wollten, die Sicht raubte.

Ânanda entfernte sich verzweifelt und weinend vom Sterbelager: «Noch muß ich lernen und arbeiten, und schon steht das große Erlöschen des Meisters bevor.» Gautama ließ ihn zurückrufen und nahm den Kummer zum Anlaß einer Belehrung über die Vergänglichkeit: *Genug, Ânanda, sei nicht traurig, klage nicht. Ich habe doch früher schon gesagt, daß alles was einem teuer und angenehm ist, vergehen muß, aufhören muß, nicht für immer bleiben kann. Wie könnte es sein, daß Entstandenes, Gewordenes nicht zerfiele? Das gibt es nicht.*

Nachdem Gautama dann Ânanda mit anerkennenden Worten über dessen Arbeit und Fähigkeiten aufgerichtet hatte, schickte er ihn nach Kuśinagarî, um den Anhängern in der Stadt die Möglichkeit zu geben,

Ein Schüler (Ânanda?) klagt über Gautamas Tod (Japan, 8. Jahrhundert; Ikaruga, Pagode des Hôryûji)

ihren Lehrer ein letztes Mal zu sehen. Die Malla hielten gerade Rat im Versammlungshaus, als Ânanda eintraf. Als sie hörten, daß Gautama im Sterben lag, «wurden die Malla, ihre Söhne, Schwiegertöchter und Frauen von Schmerz, Kummer und Leid ergriffen. Manche weinten, rauften sich das Haar und stürzten zu Boden.»

Der tote Gautama umgeben von trauernden Anhängern (Indisches Relief)

Als das Volk aus Kuśinagarî darauf am Sterbelager zusammenkam, erkannte Ânanda, daß es zu viele waren, um jeden einzelnen vor Gautama zu führen. So ließ er die Familienverbände als Gruppen näher kommen, um sich vor Gautama zu verneigen.

Das Abschiednehmen des Volkes soll das erste Drittel der Nacht beansprucht haben.

Dann traf der Śramane Subhadra ein, der nicht zu Gautamas Gemeinschaft gehörte. Er hatte erfahren, daß der berühmte Lehrer bald sterben würde. Nun wünschte er ihn noch kennenzulernen, um Zweifel über die Erlösung mit ihm zu besprechen. Ânanda wollte Gautama nicht durch weitere Besuche belästigen lassen und wies Subhadra zurück. Doch Gautama, der dies hörte, bat den Fremden zu sich, sprach mit ihm über den

*Achtfachen Pfad* und ließ ihn schließlich als letzten von ihm selbst akzeptierten Bhikṣu in die Gemeinschaft aufnehmen.

Bei den anschließenden Darlegungen für die versammelten Bhikṣus stand die Mahnung im Vordergrund, sich um die erlösende Praxis zu bemühen: *Ihr könntet denken, der Lehrer ist gegangen, wir haben keinen Lehrer mehr. So sollt ihr es nicht sehen. Lehre und Regel, die ich euch gab, sind nach meinem Tod euer Lehrer.* Als letzte Worte sind überliefert: *Alles Gewordene muß vergehen. Unermüdlich sollt ihr kämpfen.*

Als im letzten Drittel der Nacht der Tod eintrat, weinten und klagten einige Anwesende. Doch der Bhikṣu Aniruddha erinnerte sie: «Genug, Freunde. Klagt und jammert nicht. Hat der Erhabene nicht zuvor gesagt, daß alles was einem teuer und angenehm ist, vergehen muß, aufhören muß, nicht für immer bleiben kann?»

Die Bürger von Kuśinagarî wollten die feierliche Verbrennung des Leichnams übernehmen, doch es gelang nicht, den Scheiterhaufen zu entzünden. Dies führte man auf ein Eingreifen der Götter zurück. Kâśyapa der Große, der sich mit fünfhundert Bhikṣus auf dem Weg nach Kuśinagarî befand, war noch nicht eingetroffen. Man sah es als den Wunsch der Götter, daß diese Gruppe noch Abschied vom verstorbenen Meister nehmen sollte. Nach der Verbrennung des Leichnams kam es zum Streit zwi-

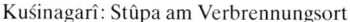

Kuśinagarî: Stûpa am Verbrennungsort

Auf dem Gebiet des ehemaligen Śâkya-Staates 1898 entdeckte beschriftete Urne mit Reliquien Gautamas

schen mittlerweile angelangten Delegationen verschiedener Staaten. Jede von ihnen beanspruchte die Reliquien in der Asche, um darüber ein Denkmal zu errichten. Die Malla von Kuśinagarî wollten die sterblichen Überreste allerdings nicht herausgeben, was sie damit begründeten, Gautama sei auf ihrem Gebiet gestorben. Droṇa, ein anwesender Brahmane, mahnte, daß es nicht recht sei, um Knochen eines Mannes zu streiten, der die Friedfertigkeit gelehrt habe. Darauf entschloß man sich zur einvernehmlichen Teilung der Reliquien, um in verschiedenen Gegenden Hügelgräber (Stûpas) als Gedenkstätten für Gautama zu errichten.

Nach Gautamas Tod lassen die Texte in der Bewegung zwei Flügel erkennen, die miteinander um das Erbe des Meisters rangen. Weil die beiden von allen geachteten Hauptschüler nicht mehr am Leben waren, richteten sich die Augen auf Ânanda, der Gautama am nächsten stand, und auf Kâśyapa den Großen, der den Anspruch erhob, «rechtmäßiger Sohn»[204] des verstorbenen Meisters zu sein. Kâśyapa wollte eine Sonderstellung aus einem Erlebnis mit Gautama ableiten, dem er große Bedeutung beimaß: Einst hatte er Gautama sein Gewand als Sitzunterlage angeboten. Als dieser das Gewand lobte, schenkte es ihm Kâśyapa. Im Austausch erhielt Kâśyapa Gautamas Gewand. Jetzt rechtfertigte jener eine besondere Würde aus der Tatsache, daß er des Meisters Kleid trug.

Kâśyapa wird als strenger Asket geschildert. Er nahm keine Einladung in die Häuser der Anhänger an, sondern lebte ausschließlich von Almosen, wobei er sich meist zurückgezogen im Wald aufhielt. Diese Strenge entsprach nicht Gautamas Verständnis vom rechten Leben eines Bhikṣu. So wird ein Gespräch berichtet, in dem Gautama Kâśyapa bewegen möchte, doch aus Altersgründen von solcher Askese abzusehen, sich bei Anhängern verpflegen zu lassen und in der Nähe des Meisters zu bleiben. Kâśyapa lehnte dies ab.[205] Er vermied nicht nur nähere Kontakte mit den Familien der Anhänger, sondern legte auch keinen Wert auf den Umgang mit den weiblichen Hauslosen der Gemeinschaft.[206]

In Ânanda begegnet uns ein entgegengesetzter Charakter: Auf seine Intervention hin wurden Frauen als wandernde Schülerinnen zugelassen. Es war der beim Volk beliebte Ânanda, den Gautama aussandte, damit die Familien der Anhänger am Sterbelager Abschied von ihm nehmen konnten. Auch sein Verhalten vor Gautamas Tod, als ihn Trauer übermannte, zeigt ihn eher als gefühlvollen Menschen denn als weltabgewandten Asketen. Im Gegensatz zu Kâśyapa stellte Ânanda keine Ansprüche auf eine führende Rolle. Er respektierte Gautamas Vermächtnis, daß die Erlösungslehre nach seinem Tod Richtschnur der Gemeinschaft sein sollte. Doch sein hohes Ansehen unter den Anhängern und seine Nähe zu Gautama waren eine Gefahr für Kâśyapas Ambitionen auf die leitende Stellung. Durch wiederholte Demütigungen Ânandas wollte Kâśyapa seine Überlegenheit demonstrieren. Er warf Ânanda vor, durch seinen Anhang junger und noch wenig disziplinierter Bhikṣus die Bewegung in Verruf zu bringen und rügte ihn wegen seiner Beliebtheit bei den Frauen. Umgekehrt hatte Kâśyapa die ablehnende Haltung der Anhänger Ânandas zu spüren. Nach einer Rede vor weiblichen Hauslosen, mußte er die Kritik hören, Ânanda sei der bessere Unterweiser; daß

Kâśyapa der Große (Wandgemälde, chinesisches
Zentralasien, Provinz Kansu, 7. Jahrhundert; Ausschnitt)

Kâśyapa in Gegenwart Ânandas lehre, wäre so, als wollte ein Nadelhändler dem Nadelhersteller Nadeln verkaufen.[207]

Der harte Kâśyapa setzte seinen Führungsanspruch schließlich durch. Er berief das Konzil ein, auf dem fünfhundert Bhikṣus sieben Monate tagten, um die Lehren Gautamas richtig für die Nachwelt festzuhalten. Ânanda kam in der Überlieferung dabei die Rolle eines Berichterstatters zu, der unter Kâśyapas Vorsitz referieren durfte, was er von Gautama gehört hatte. Daß sich mit Kâśyapa ein asketischer Flügel durchsetzte, war für die weitere Entwicklung entscheidend. Anders als in der Gemeindeverfassung der Jainas erhielten im frühen Buddhismus Anhänger, die nicht Bhikṣus waren, keine Rechte. Ihre Rolle sollte sich mehr oder weniger auf das Spenden für die Śramaṇen beschränken, damit diese sich der Erlösungslehre widmeten und den Anhängern allgemeine ethische Richtlinien vermittelten. Vom abgeschiedenen Waldleben der Asketen wie

Kâśyapa konnte der Schritt zu Klöstern, in denen seßhafte Mönche unter sich waren, vollzogen werden. Daß Kâśyapas Konzil bei Râjagr̥ha unter der Schirmherrschaft Ajâtaśatrus stattfand, deutet zugleich an, wie in der weiteren Geschichte die Bewegung einst freier Wanderer vielfältige Verbindungen mit Staat und Herrscher eingehen sollte.

# Wer war Gautama?

Die Wirkung Gautamas und seiner Lehre erfaßte unterschiedliche Kulturkreise. Von Indien gelangte der Buddhismus nach Ceylon, Zentralasien und China, dann nach Korea, Japan und Indochina, Java und Sumatra, Thailand, Birma, Tibet und in die Mongolei.

Daß der Buddhismus zur historisch ersten Weltreligion wurde, verdankt er vielerlei Faktoren. Zum einen ist es neben der tatsächlichen religiösen Überzeugungskraft die kulturelle Bereicherung, die mit seiner Übernahme verbunden war. In allen Ländern wurden die buddhistischen Klöster zu Zentren der Gelehrsamkeit. Mit dem Buddhismus gelangten nicht nur eine Religion, sondern zugleich indische Medizin und andere Wissenschaften nach China. Auf seinem Weg nach Japan war er bereits mit der chinesischen Kultur und Schrift verbunden, die auf diese Weise rezipiert wurden.

Ein weiterer Grund für die Ausbreitung des Buddhismus liegt darin, daß er in der Regel mit und neben den angestammten Kulten und Religionen der Missionsländer existieren konnte. Schon Gautama hatte die Götter Indiens und die mit ihnen verbundenen Traditionen geachtet, auch wenn er Vorstellungen einer Erlösung durch göttliche Kraft und blutige Opferbräuche kritisierte. Dem frühen indischen Buddhismus galt der Gott Brahma nicht nur als Herrscher einer Himmelswelt, sondern zugleich als Verkörperung vom Menschen zu verwirklichender Eigenschaften wie Liebe, Mitleid, Mitfreude und Gleichmut. Dieses Muster ließ sich in den Missionsländern wiederholen, wo die einheimischen Götter zu Schützern des Buddhismus oder bildhaften Verkörperungen seiner Lehren wurden. Die buddhistischen Mönche konnten die Götter, die sie vorfanden, akzeptieren, stellten sie jedoch unter das Gesetz der Vergänglichkeit.

Schwieriger gestaltete sich die Koexistenz mit Systemen und Werten, die Ideen ausgebildet hatten, welche zentralen Lehren widersprachen: Im konfuzianischen China sah sich der Buddhismus immer wieder Angriffen ausgesetzt, weil seine Lehre von der Gleichheit aller Menschen den

Lehrender Gautama (Gandhâra-Stil, 2. Jahrhundert; Tokio, Sammlung Boney)

Japanische Schriftrolle (Ausschnitt) mit einer Darstellung des «überweltlichen Buddha» (12. Jahrhundert; Cambridge, Mass., Harvard University Arthur M. Sackler Museum)

dort ausgeprägten hierarchischen Vorstellungen widerstritt. Freilich waren hier historische Kompromisse möglich, weil der Buddhismus bereits in Indien Ansätze zur Hierarchiebildung zeigte. In Berichten vom Sterben Gautamas findet man den im Zusammenhang wenig glaubhaften Einschub, der Sterbende habe seine Schüler angewiesen, einander nicht mehr wie bislang üblich mit «Freund» anzureden. Vielmehr hätten neuere Bhikṣus zu den älteren «Herr» zu sagen. Aus der Gemeinschaft von Bettlern, die keine Kasten kannte, wurde selbst eine gelehrte und als Gruppe wohlhabende Oberschicht, die auf Rang hielt.

Bereits in den ersten Jahrhunderten hatten sich in Indien verschiedene Schulen der Interpretation gebildet. Im Laufe der Geschichte wurde es zunehmend notwendig, Fragen zu klären, die Gautama offengelassen hatte. So erlaubte es seine weitgehend negative Umschreibung des *Nirvâna*, gegensätzliche Deutungen zu geben, deren Spektrum vom Aufhören des Existierens bis zur ewigen Seligkeit reicht. In vielen der Länder, die den Buddhismus übernahmen, bildeten sich weitere Schulen. Neben unterschiedlichen philosophischen Interpretationen waren es oft Fragen der Praxis, in denen man sich unterschied, indem man den einen oder anderen Aspekt der bei Gautama angelegten Übungen betonte. Die Regeln der Disziplin, die Praxis der Vertiefung, das Vergegenwärtigen von Körper und Atem, das Vertrauen zum Buddha oder andere Aspekte der Übung konnten in den verschiedenen Traditionsrichtungen zum jeweils wichtigsten werden. Als philosophische Grundlage hielten die einzelnen Schulen bei aller Vielfalt an der Lehre vom *Bedingten Entstehen*, der Nichtsubstantialität (*Anâtman*) aller Dinge, Gegebenheiten und Wesen fest.

Eine zentrale Frage, auf die buddhistische Schulen verschiedene Antworten geben, ist jene nach Gautama selbst. Wer war der Stifter der Bewegung? Nach den ältesten Quellen sah er selbst sich als einen Menschen, der außergewöhnliche Erkenntnisse erlangte, die er zum Nutzen seiner Mitmenschen mitteilte. Die Frage, was mit ihm nach dem Tod ist, ließ er offen. Deutlich sind die Hinweise am Sterbelager, daß ab nun die Lehre als Lehrer zu gelten habe, und das Gehen des Erlösungsweges das Entscheidende ist.

In der buddhistischen Tradition trat Gautama tatsächlich hinter seiner Lehre zurück, doch auf der anderen Seite kam ein übermenschlicher Buddha hervor, der die Erinnerung an den historischen Gautama überschattete. Wahrscheinlich sahen schon seine Zeitgenossen in Gautama mehr als nur den Menschen. Die frühbuddhistische Kunst wagte es nicht, ihn anthropomorph darzustellen. Er erschien als Baum, Fußabdruck oder in anderen Symbolen. Schon frühe Erzählungen sprachen von seiner wunderbaren Geburt unter Teilnahme der Götter. Vor dem Hintergrund der Wiedergeburtsidee lag nahe, seine Geschichte über die Geburt hinaus zu verfolgen. Viele Texte sprechen über die Entwicklung des Wesens, aus dem einmal Gautama werden sollte. Durch Hunderte Verkörperungen als Tier, als Gottheit, als Mensch wurde sein Weg durch die Zeiten verfolgt, bis er schließlich auf Erden in der historischen Gestalt zum Buddha werden sollte. Diese Art der Geschichten wurden zu einer eigenen buddhistischen Literaturgattung (Jâtaka): Als Schwein war der werdende Buddha ein weiser Richter; als Hase wollte er ins Feuer springen, um sich zu braten, damit nicht ein Jäger seiner Tötung schuldig würde. Von Geburt zu Geburt verwirklichte er höchste Tugend und erlangte deshalb das Erwachen.

Daß Gautama als übermenschliches Wesen erscheint, wird hier mit der langen und konsequenten Entwicklung erklärt, die er in den vergänglichen Welten durchlief. Er ist ein Mensch, der durch seinen Hintergrund

Nach der Legende sah man in der Fußspur Gautamas wunderbare Zeichen (Angkor-Vat, Kambodscha, 12. Jahrhundert)

Gautama erscheint auf wunderbare Weise (Gandhâra-Stil, 2. Jahrhundert; Lahore, Central Museum)

über normales Menschsein hinauswuchs, aber doch ein bedingt entstandenes Wesen der Welt. So sieht heute noch der Theravâda-Buddhismus Südostasiens Gautama.

Für die meisten anderen Schulen gab es hier jedoch einen Widerspruch, den gleichen, der schon im Zusammenhang mit der Erlösung angedeutet wurde: Wie kann aus dem *Bedingten Entstehen* etwas heraustreten, die Welt überwinden oder aus ihr erlöst werden? Auf Gautama bezogen lautet die Frage: Wie kann jemand, der als Wesen nur durch die Bedingungen dieser Welt Bestand hat, diese Welt übersteigen und von diesem neuen Ort die Wahrheit offenbaren?

Als erste beschäftigte sich anderthalb Jahrhunderte nach Gautama die Mahâsangika-Schule mit diesem Problem. Hier deutete sich eine Lösung an, die später im Mahâyâna-Buddhismus verschiedenste Ausgestaltungen fand: Gautama kann kein gewöhnlicher Mensch dieser Welt gewesen sein. Er war die irdische Offenbarung eines überweltlichen Buddha, eine Erscheinung des Unvergänglichen in den Grenzen der Vergänglichkeit. Viele Texte entstanden, in Form von Reden Gautamas verfaßt, um diese neue Auffassung vom Buddha zu verkünden.

So lehrt das «Saddharmapuṇḍarîkasûtra», daß Gautamas Sterben nur ein scheinbares war. Er ist nicht tot, sondern bewirkt weiterhin, daß zahllose irrende Wesen seine Lehre finden. Immerwährend sitzt er bei Râjagṛha auf dem Geiergipfel und lehrt den Menschen verborgen.[208] Im «Sukhâvatîvyûhasûtra» wird Gautama zum irdischen Botschafter des

Kopf des Gautama (Gandhâra-Stil, 4. Jahrhundert;
London, British Museum)

Buddha Amitâbha («Unendliches Licht»), der in einer fernen Welt bei unermeßlicher Lebensdauer die Wesen zum *Nirvâṇa* führt.

Diese Bilder, die der Mahâyâna-Buddhismus von einem wunderbaren, todlosen und immerwährenden Buddha zeichnet, sind im Zusammenhang mit seiner von Nâgârjuna formulierten Philosophie zu sehen: Für den von *Gier, Haß und Verblendung* befreiten Menschen besteht kein Unterschied zwischen dem erlösten Zustand (Nirvâṇa) und der bedingt entstehenden und vergehenden Welt. Letztere gibt es als leidvolles Erlebnis nur für den Unerwachten. Der Buddha sieht die andere Seite dieser Welt: In seiner unmittelbaren Erfahrung des *Bedingten Entstehens* erkennt er alle Dinge und Wesen als leer, das heißt nicht für und aus sich selbst existierend. Diese andere Seite ist die Wirklichkeit des Buddha, dessen Botschafter Gautama für die Menschen war.

Unendlich viele Buddhas kennt die Mahâyâna-Lehre, «zahllos wie die Sandkörner im Gangesstrom» («Sukhâvatîvyûhasûtra»). Gautama wurde zu einem unter vielen und trat im Kult oft hinter den anderen Buddhas zurück, als deren Offenbarer man ihn sah. In Ostasien genießt der Buddha Amitâbha größere Verehrung als Gautama, und es gab Epochen, die mehr auf Maitreya, den Buddha der Zukunft blickten, als zurück zum Stifter der Bewegung. Nicht das historische Faktum von Leben und Lehren des Inders Gautama war der Tradition das Entscheidende, sondern die Idee, daß Erwachen jederzeit und allenorts Wirklichkeit werden kann. «Der Buddha ist einzig unter den Menschen und Göttern, nicht weil es nie seinesgleichen gab, sondern weil er schon immer einmal da war in seiner Einzigkeit. Zug um Zug, Lehre um Lehre gab es ihn auch in früheren Weltzeitaltern je einmal, auch dreimal – mitunter auch nicht. Er ist jüngstes Glied einer Reihe übergöttlicher Lehrer, deren gleichartige Gestaltenfolge über Weltalter im Spiegeldämmer erinnerter Vorzeit verschwimmt.»[209]

# Anmerkungen

Die wichtigsten Quellen sind Sammlungen der Reden Gautamas, deren Titel in Sanskrit *Dîrghâgama* («Lange» Texte), *Madhyamâgama* («Mittellange» Texte), *Ekottarâgama* («Gereihte» Texte), *Samyuktâgama* («Verwandte» Texte) lauten. Sie haben sich in chinesischen Übersetzungen aus dem Sanskrit und in Fassungen in der indischen Pâli-Sprache erhalten. Letztere sind Grundlage hier angeführter Zitate, wobei die Titel der Pâli-Texte wie folgt abgekürzt werden:
*Dîghanikâya* («Lange» Texte) = D
*Majjhimanikâya* («Mittellange» Texte) = M
*Anguttaranikâya* («Gereihte» Texte) = A
*Samyuttanikâya* («Verwandte» Texte) = S

Die in D und M enthaltenen Reden und Gespräche werden auch als eigenständige Texte mit Namen zitiert. Bei den kürzeren und vielfach aphoristischen Texten in A und S wird der Name des jeweiligen Buches (Vagga) angegeben. Andere Quellen wie Sammlungen von Lehrgedichten werden mit Titel zitiert. Alle indischen Namen und Begriffe sind ungeachtet der Quelle in der Sanskritform wiedergegeben. Der von Wiederholungen geprägte Stil der Texte machte notwendig, die Zitate gestrafft und um der Verständlichkeit willen vielfach paraphrasiert wiederzugeben.

1 Émile Senart: Essai sur la légende du Buddha. Paris 1873–75, $^2$1882
2 Hendrik Kern: Der Buddhismus und seine Geschichte in Indien. Leipzig 1882–84
3 R. Otto Franke: Dîghanikâya. Das Buch der langen Texte des buddhistischen Kanons. In Auswahl übersetzt. Göttingen, Leipzig 1913 (Quellen der Religionsgeschichte 4), S. L
4 Franke: Dîghanikâya, S. 254, Anm. 2
5 Hermann Oldenberg: Buddha. Sein Leben. Seine Lehre. Seine Gemeinde. Berlin 1881, $^2$1890, Stuttgart/Berlin $^7$1920, u. ö. Zitiert wird die Ausgabe München 1961
6 Oldenberg: Buddha, S. 134f.
7 Diese Auffassung kommt besonders deutlich zum Ausdruck in Arthur Schopenhauer: Über den Willen in der Natur. Frankfurt am Main 1836, $^2$1854

8 Aggivacchagottasutta (M 72) u. ö.
9 Auch der Stil, in dem Aussagen übertragen werden, kann ein Aspekt der Interpretation sein. Karl Eugen Neumann (1865–1915) prägte im deutschen Sprachraum durch sein umfangreiches Übersetzungswerk weitgehend das Bild Gautamas. Neumann war der Philosophie Schopenhauers und der Dichtung von Richard Wagners Musikdramen verpflichtet. Aus diesen Elementen und dem Versuch, sich dem Rhythmus indischer Originaltexte anzulehnen, schuf er eine eigentümliche Kunstsprache, die auf Grund ihrer Fremdartigkeit bis heute für indische Sprechweise gehalten wird. Auch in allen bedeutenden deutschen Erzählwerken, in denen Gautama auftritt (z. B. Hermann Hesses «Siddhartha», 1922), redet dieser im Stil Neumanns. Ein anderer Interpret, Hans Ludwig Held, ließ Gautama im Stil der Luther-Bibel sprechen, die er als die dem Deutschen gemäße religiöse Sprache ansah. Alle derartigen Bemühungen um einen besonderen Stil Gautamas führen zu Assoziationen, die dem Charakter der Quellen fremd sind. Am wenigsten verfremdet eine knappe Übertragung der Inhalte in zeitgemäßer Sprache die Aussage.
10 Die verschiedenen Schichten der Überlieferung analysiert Étienne Lamotte: La Légende du Buddha. In: Revue de l'Histoire des Religions 134 (1947/48), S. 37–71
11 Theragâthâ 1024
12 Pâli-Vinaya (Cullavagga XI)
13 Vgl. Heinrich Lüders: Beobachtungen zur Sprache des buddhistischen Urkanons. Berlin 1954
14 Durch den Vergleich indischer Texte untereinander und mit Übersetzungen ins Chinesische und andere Sprachen lassen sich zwar Veränderungen oder Einschübe späterer Epochen ermitteln, jedoch führt auch dieser Weg nicht bis zur Lebenszeit Gautamas.
15 Zu den in vorliegender Darstellung zitierten Quellen vgl. die Einführung zum Anmerkungsteil.
16 Vgl. Heinz Bechert: Die Lebenszeit des Buddha – das älteste feststehende Datum der indischen Geschichte? Göttingen 1986 (Nachrichten der Akademie der Wissenschaften in Göttingen. I. Philologisch-historische Klasse, 1986, Nr. 4)
17 Devadûtavagga (A III, 39)
18 Etwa 1. Jahrhundert u. Z.
19 Lalitavistara, nach Ernst Waldschmidt: Die Legende vom Leben des Buddha. Graz 1982, S. 62 f.
20 Devadûtavagga (A III, 39)
21 Rûpâdivagga (A I, 1)
22 Mahâparinibbânasutta (D 16)
23 Mâgandiyasutta (M 75)
24 Devadûtavagga (A III, 39)
25 Mahâsaccakasutta (M 36)
26 Sambodhavagga (A III, 104)
27 Ariyapariyesanasutta (M 26)

28 Mahâsaccakasutta (M 36)
29 Ariyapariyesanasutta (M 26)
30 Mahâparinibbânasutta (D 16)
31 Mahâpadânasutta (D 14)
32 Jâtaka, 425 IV
33 David J. Kalupahana (Buddhist Philosophy. A Historical Analysis. Honolulu 1976, S. 3f.) deutet die indische Geistesgeschichte als Prozeß, in dem die weltbejahende vedische Tradition der Arier und die eher weltverneinenden asketischen Überlieferungen der Ureinwohner um Vorherrschaft ringen. Nachdem es den Ariern zunächst gelungen wäre, die früheren Ideen und Praktiken zurückzudrängen, erlebten diese zur Zeit Gautamas eine Renaissance.
34 Auch für Brahmanen wurde das Ideal der Hauslosigkeit aufgestellt. Śatapatha Brâhmaṇa XIV, 7, 2, 26 beschreibt Brahmanen, die alles hinter sich ließen: «Sie hören auf, nach Söhnen, nach Habe und nach dem Himmel zu verlangen, um als Bettler umherzuwandern.» Dieses Ideal wurde meist so verstanden, daß sich ein Brahmane im Alter nach einem erfüllten Familienleben als Einsiedler in die Natur zurückzieht.
35 Brahmajâlasutta (D 1) schildert das weite Spektrum śramanischer Praktiken im Spiegel der Kritik Gautamas.
36 Sâmaññaphalasutta (D 2)
37 Sâmaññaphalasutta (D 2)
38 Sâmaññaphalasutta (D 2)
39 Sâmaññaphalasutta (D 2)
40 Mahâvagga (A III, 62)
41 Auch in der arischen Tradition finden sich Anknüpfungspunkte für die Lehre von der Wiedergeburt: In älteren Schichten der «Veden» gibt es die Idee eines Fortlebens des Menschen im Jenseits und einer folgenden Geburt in seiner vormaligen Familie. In Vögeln sah man ein Durchgangsstadium von einem Dasein ins andere (Vgl. Tilmann Vetter: The Ideas and Meditative Practices of Early Buddhism. Leiden 1988, S. 78). Es könnte sich hierbei bereits um frühe Rezeption vorarischer indischer Ideen handeln.
42 Die brahmanische Philosophie der «Upaniṣaden» lehrt, der Âtman gründe in der Gottheit Brahma als erstem Ursprung aller Dinge. Für die śramanische Tradition der Jainas besteht der Jîva seit anfangslosen Zeiten als autonomes Wesen.
43 Sâmaññaphalasutta (D 2)
44 Yodhâjîvagga (A III, 138)
45 In der brahmanischen Literatur ist Bṛhadâraṇyaka Upaniṣad ein Beispiel für die Übernahme von Wiedergeburt und Karma in die eigene Tradition. Yâjñavalkya teilt dort die Vorstellung, daß man dem eigenen Wirken gemäß gut oder schlecht werde, ausdrücklich als eine Geheimlehre mit. Dieser Hinweis, die aus der vorarischen Überlieferung Indiens übernommene Idee sei zuvor geheimer Bestandteil der brahmanischen Tradition gewesen, legitimierte ihre Einführung.

46 Mahâvagga (A III, 62)
47 Ariyapariyesanasutta (M 26)
48 Bei den *vier gestaltlosen Sphären* handelt es sich um Götterwelten. Im Gegensatz zu den Tieren, Menschen oder den Göttern der Mythologie gelten ihre Bewohner als *gestaltlos* (*ârûpya*). Durch Übungen wie die nachfolgend beschriebenen soll es möglich sein, in diese Welten einzutreten.
49 In Gautamas Reden werden die *Übungen der Ganzheit* (*Krtsnâyatna*) zwar erwähnt, jedoch ohne genauere Anleitung zu deren Praxis. Eine genaue Beschreibung der zuvor mündlichen und seither wohl weiterentwickelten Übungstradition gibt im 5. Jahrhundert u. Z. der Kommentator Buddhaghosa (Visuddhi-Magga oder der Weg zur Reinheit [...]. Übersetzt von Nyanatiloka, Konstanz ²1952, S. 141–208). – Friedrich Heiler (Die Buddhistische Versenkung. München ²1922) und andere nehmen an, derartiges wäre erst nach Gautama aus Yoga-Lehren in den Buddhismus eingeführt worden. Wahrscheinlich haben wir hier aber ein Beispiel, wie Gautama bzw. die frühe Tradition Elemente zeitgenössischer Systeme neu interpretierte und ihnen eine periphere Stellung in der eigenen Lehre einräumte.
50 Es ist bezweifelt worden, daß der Bericht über Gautamas Lehrzeit bei Ârâda Kâlâma und Udraka Râmaputra auf Tatsachen beruht, und Indizien sprechen für die Möglichkeit seines späteren Einschubs in die Biographie Gautamas (vgl. André Bareau: Recherches sur la biographie du Buddha dans les Sûtrapitaka et les Vinayapitaka Anciens: de la quête de l'Éveil à la Conversion de Sâriputra et Maudgalyâyana. Paris 1963 [Publications de l'École Française d'Extrême-Orient LIII], S. 20f., und Johannes Bronkhorst: Two Traditions of Meditation in Ancient India. Stuttgart 1986 [Alt- und Neu-Indische Studien, herausgegeben vom Seminar für Kultur und Geschichte Indiens an der Universität Hamburg 28], S. 80f.). Absicht eines solchen Einschubs könnte sein, die genannten Konzepte und mit ihnen verknüpfte Methoden als verglichen mit den Entdeckungen Gautamas minderwertig erscheinen zu lassen, da sie für ihn nur ein unbefriedigendes Durchgangsstadium waren. Doch selbst wenn der Bericht spätere Zutat wäre, gibt er Hinweise auf Zielvorstellungen und Praktiken der Erlösungslehrer zur Zeit Gautamas.
51 Kukkuravatikasutta (M 57) handelt von einem Gespräch Gautamas mit einem Rinder- und einem Hundeśramanen. Er schockiert diese mit der Aussage, daß Menschen, die wie Hunde oder Rinder leben, als ebensolche wiedergeboren würden, nicht jedoch unter den Göttern.
52 Mahâsîhanâdasutta (M 12)
53 Mahâsîhanâdasutta (M 12)
54 Mahâsîhanâdasutta (M 12)
55 Die klassischen buddhistischen Texte bezeichnen die Jainas als «Nirgrantha» und ihren Gründer Mahâvîra als «Jñâtiputra». Im folgenden werden die geläufigeren Worte Jaina und Mahâvîra auch in Zitaten aus buddhistischen Texten verwendet.

56 Die Analyse Johannes Bronkhorsts zeigt, daß Gautamas Hinweise über diese Lebensphase am wahrscheinlichsten auf jainistische Praktiken anspielen. Vgl. Bronkhorst: Two Traditions, S. 1–28. Wie im Falle der Lehrzeit Gautamas bei Ârâḍa Kâlâma und Udraka Râmaputra können Schilderungen dieser Übungen später entstanden sein, um die Überlegenheit der Lehre Gautamas über die der Jainas und die Konsequenz seiner Praxis zu zeigen. Sollten diesbezügliche Episoden von späteren Autoren in die Vita Gautamas gefügt sein, bleibt doch als historischer Kern, daß dieser sich mit den Jainas auseinander zu setzen hatte.

57 Mahâsîhanâdasutta (M 12)

58 Die Beschreibung folgt hier der chinesischen Fassung nach Ekottarâgama (Taishô 125), die in der Wiedergabe von Gautamas Versuch der Atemunterdrückung präziser ist als Mahâsaccakasutta (M 36). Eine englische Übersetzung der chinesischen Quelle findet sich bei Bronkhorst: Two Traditions, S. 7–9

59 Mahâsaccakasutta (M 36)

60 Mahâsîhanâdasutta (M 12)

61 Mahâsaccakasutta (M 36)

62 Mahâsaccakasutta (M 36)

63 Devadahasutta (M 101)

64 Der auf Gautama zurückgehende Ausdruck *Der Mittlere Weg* wurde in der buddhistischen Tradition zu einer geläufigen Bezeichnung für seine Lehre.

65 In der europäischen Literatur ist seit langem üblich, das *Erwachen* Gautamas als «Erleuchtung» zu bezeichnen und entsprechend *Buddha* mit «der Erleuchtete» wiederzugeben, was zu der ursprünglichen Bedeutung fremden Assoziationen führt.

66 Die Chronologie der folgenden Ereignisse vor Gautamas Erwachen lehnt sich hier Buddhaghosas «Paramatthajotikâ», einem Kommentar zu «Suttanipâta», an.

67 Ariyapariyesanasutta (M 26)

68 Padhânasutta (Suttanipâta 425–449)

69 Padhânasutta (Suttanipâta 426–427)

70 Mahâsaccakasutta (M 36)

71 Mahâsaccakasutta (M 36)

72 Mahâsaccakasutta (M 36)

73 Mahâvagga (S XLVII, 18) läßt Gautama nach seinem Erwachen das achtsame Betrachten von Körper, Gefühl und Denken als den *einzigen Weg* zur Erlösung bezeichnen.

74 Das Sanskritwort *dhyâna* wird hier mit *Vertiefung* wiedergegeben. Der in der einschlägigen Literatur eingebürgerte Begriff der Meditation, der oft als Sammelbegriff für sehr unterschiedliche buddhistische Praktiken dient, hat in den buddhistischen Quellen keine Entsprechung. Wegen seiner Vieldeutigkeit soll er in dieser Darstellung vermieden werden.

75 Mahâsaccakasutta (M 36)

76 Nach Buddhaghosas «Paramatthajotikâ» soll Gautama nicht nur die *Vier*

*Vertiefungen*, sondern auch die Verwirklichung der *Vier gestaltlosen Sphären* geübt haben.
77 Buddhaghosas Paramatthajotikâ
78 Mahâsaccakasutta (M 36)
79 Mahâsaccakasutta (M 36)
80 Ab hier folgt die Darstellung dem «Pâli-Vinaya» (Mahâvagga I)
81 Ariyapariyesanasutta (M 26)
82 Ariyapariyesanasutta (M 26) – Das *Todlose* (*amṛta*), von dem Gautama sprach, ist eine andere Bezeichnung für das Aufhören der Wiedergeburten, in denen Tod und Geburt zwei Seiten eines Vorgangs sind. Da eine Dimension jenseits von Tod und Leben angesprochen wird, sind gängige Übersetzungen dieses Begriffs mit «Ewigkeit» oder «Unsterblichkeit» irreleitend.
83 Ariyapariyesanasutta (M 26)
84 Dhammacakkappavattanasutta (S LVI, 2)
85 Catuṣpariṣatsûtra. Vgl. Ernst Waldschmidt: Das Catuṣpariṣatûtra. Eine kanonische Lehrschrift über die Begründung der buddhistischen Gemeinde. Bd. 1–3. Berlin 1952–1962
86 Dhammapada 387
87 Cakkavagga (A IV, 36)
88 Zum Beispiel Cakkavattisîhanâdasutta (D 26) und Agaññasutta (D 27)
89 Zum Beispiel Puññâbhisandavagga (A IV, 53–54 und 56)
90 Zum Beispiel Muṇḍarâjavagga (A V, 41)
91 Kimbilavagga (A V, 208)
92 Die Tradition stimmt überein, daß Gautama sich immer wieder metrischer Sprache bediente. Es gibt mehrere Sammlungen mit Lehrgedichten wie «Dhammapada» und «Suttanipâta», die zu einer frühen Schicht der Texte zählen. Obwohl nicht bezweifelt werden braucht, daß Gautama seiner Lehre auch die Gestalt leicht zu verbreitender Verse gab, ist hier wie bei allem anderen Material nicht zu entscheiden, welche Texte konkret auf ihn zurückgehen könnten. Daß es sich bei einem großen Teil der Lehrgedichte um spätere lyrische Bearbeitungen von überliefertem Stoff handelt, liegt nahe, wenn zum Beispiel in «Suttanipâta» lange Gespräche in metrischer Sprache wiedergegeben werden.
93 Pâli-Vinaya (Mahâvagga V)
94 Râhulovâdasutta (M 61)
95 Kakacûpamasutta (M 21)
96 Soṇadaṇḍasutta (D 4)
97 Mahâsaccakasutta (M 36)
98 Brâhmanavagga (A IV, 184)
99 Mahâvagga (A VIII, 12)
100 Kevaṭṭasutta (D 11)
101 Mahâvagga (A III, 66)
102 Tevijjasutta (D 13) – Poṭṭhapâdasutta (D 9) läßt Gautama dasselbe Gleichnis im Zusammenhang mit der Vorstellung eines dauerhaften, nach dem Tode bestehenden Wesens verwenden.

103 Puññâbhisandavagga (A IV, 55)
104 Soṇadaṇḍasutta (D 4)
105 Ambaṭṭhasutta (D 3) und Cûḷasaccakasutta (M 35)
106 Folgende Darstellung fußt auf entsprechenden Episoden aus «Catuṣpariṣatsûtra» und dem «Pâli-Vinaya» (Mahâvagga I).
107 Pâli-Vinaya (Mahâvagga I)
108 Devadûtavagga (A III, 34) u. ö.
109 Pâli-Vinaya (Cullavagga IX, 1)
110 Udâna VI
111 Sabbâsavasutta (M 2)
112 Cûḷamâluṅkyasutta (M 63)
113 Alagaddûpamasutta (M 22)
114 Mûlapariyâyasutta (M 1)
115 Aggaññasutta (D 27)
116 Yodhâjîvavagga (A III, 137) und Dhammapada 277–279
117 Saḷâyatanavagga (S XXXVI, 11)
118 Auch Gautamas Lehre wird häufig im Sinne einer den Menschen tragenden Ordnung als *Dharma* bezeichnet. Hier wird das Wort nicht in dieser Bedeutung, sondern als philosophischer Grundbegriff des Buddhismus verwendet. Vgl. zu den folgenden Abschnitten Helmuth von Glasenapp: Zur Geschichte der buddhistischen Dharma-Theorie. In: Zeitschrift der Deutschen Morgenländischen Gesellschaft 92 (1938), S. 383–420; derselbe: Der Ursprung der buddhistischen Dhamma-Theorie. In: Wiener Zeitschrift für die Kunde des Morgenlandes 46 (1939), S. 242–266
119 Die Lehre von den *Dharmas* ist bei Gautama die erkennbare, obwohl nicht systematisch formulierte Basis, von der aus er argumentierte. In der weiteren Entwicklung waren die verschiedenen Schulen der buddhistischen Tradition nicht immer darüber einig, ob eine spezifische Gegebenheit ein letztes Prinzip oder weiter zu zergliedern sei. Aus diesem Grunde bestehen über die Anzahl der *Dharmas* unterschiedliche Auffassungen.
120 Mahâpuṇṇamasutta (M 109) u. ö.
121 In der deutschsprachigen Literatur zum Buddhismus wird *Anâtman* oft als «Nicht-Ich», «Ichlosigkeit» oder ähnlich wiedergegeben, eine unglückliche Übersetzung, die am Inhalt vorbeigeht. Die klassischen Texte (z. B. Yodhâjîvavagga [A III, 137] und Dhammapada 279) charakterisieren alle *Dharmas* als *anâtman*, nicht nur jene, die den Menschen konstituieren. Jedoch von einer Gegebenheit wie *Farbe* zu sagen, sie wäre «ichlos», ist kaum sinnvoll. Im Hinblick auf die allgemeine Gültigkeit der *Anâtman*-Lehre für jede Gegebenheit ist eine Wiedergabe als «Nichtsubstantialität» vorzuziehen. Die Übersetzung «Nicht-Ich» weckt zudem die falsche Assoziation, Gautama habe die Wirklichkeit des Subjektiven geleugnet. Doch ging er von der Selbstverständlichkeit des alltäglichen Ich-Erlebnisses aus, deren erfahrene Wirklichkeit trotz ihrer relativen, bedingten Natur nicht in Frage stand.
122 Mahâtaṇhâsaṅkayasutta (M 38)
123 Nidânavagga (S XII, 43)

124 Helmuth von Glasenapp bezeichnet die *Dharmas* im Anschluß an W. M. MacGovern (A Manual of Buddhist Philosophy. I. Cosmology. London 1923) als «Daseinsfaktoren». Das Bild von Faktoren, die sich miteinander zum Produkt «Wirklichkeit» multiplizieren, entspricht dem hier gegebenen Mosaikbeispiel.

125 Aggaññasutta (D 27) und Cakkavattisîhanâdasutta (D 26) enthalten Reden Gautamas über das Entstehen einer Welt und die Entwicklung der Gesellschaft. Es wird dabei gezeigt, wie mit gesetzmäßiger Notwendigkeit einander Entwicklungsstufen folgen, wobei jeweils das Wegfallen oder Hinzutreten einer Gegebenheit das gesamte Mosaik der Wirklichkeit verändert: Armut führt notwendig zu Diebstahl, das Umsichgreifen der Lüge zu Verringerung der allgemeinen Lebenserwartung.

126 D 15 (Mahânidânasutta), Nidânavagga (S XII, 1), Mahâtaṇhâsaṅkayasutta (M 38), Mahâvagga (A III, 62) u. ö.

127 Nidânavagga (S XII, 12)

128 Poṭṭhapâdasutta (D 9)

129 Khandhâvagga (S XXII, 53)

130 Rohitassavagga (A IV, 45)

131 Saḷâyatanavagga (S XXXVIII, 1)

132 Khandhâvagga (S XXIII, 2)

133 Alagaddûpamasutta (M 22)

134 Udâna VIII

135 Cûlavagga (A III, 47–48)

136 Udâna VIII

137 Westlichen Interpreten bereitet es Schwierigkeiten, daß nicht jeweils bloß eine Bedingung für den unerlösten Zustand und die Erlösung genannt werden. Erich Frauwallner sah als Ungereimtheit, daß sowohl *Durst* als auch *Nichtwissen* Gründe für Wiedergeburt und Leid sein sollen. Er führte den Unterschied auf eine Entwicklung in Gautamas Denken zurück, der zuerst dieses, dann jenes gelehrt habe (Geschichte der indischen Philosophie. Band 1. Salzburg 1953, S. 213f.). Daß eine Religion nur eine letztliche Ursache lehren kann, entspricht abendländischen Vorstellungen, welche ein «erstes Bewegendes» (Gott) oder die Erbsünde als jeweils einzige Bedingung für Dasein oder Leiden erklären. In einer Lehre, die wie der Buddhismus die Wirklichkeit in einander bedingende Prinzipien auflöst, ist jedoch die Annahme mehrerer Ursachen folgerichtig. Das gleiche gilt für die Erlösung, die man im Abendland auf eine zentrale Bedingung, nämlich Tod oder Auferstehung Jesu zurückführte. Auch diese Sichtweise läßt sich nicht auf Gautamas Lehre übertragen. In den Quellen begegnet uns neben der Aussage, Erlösung werde durch Erkenntnis der *Vier Wahrheiten* in der *Vertiefung* erlangt, u. a. auch jene, daß die Einsicht, wie das eigene Wesen aus den *fünf Gruppen* zusammengesetzt ist, erlöse. Tilmann Vetter (The Ideas and Meditative Practices of Early Buddhism. Leiden 1988, S. XXI–XXIII) geht davon aus, daß eines der Erlösungskonzepte das historisch frühere sein muß und wendet damit die abendländische Idee einer ausschließlichen erlösenden Bedingung

auf Gautamas Lehre an. Da diese aber mit *Gier, Haß und Verblendung* mehr als eine Bedingung der Unerlöstheit annimmt, ist naheliegend, daß sie ursprünglich nicht nur eine Möglichkeit der Erlösung kannte.

138 Bhûmijasutta (M 126)
139 Sekhabalavagga (A V, 2)
140 Gaṇakamoggallânasutta (M 107)
141 Suttanipâta 146–147 und 149
142 Suttanipâta 239–252
143 Jîvakasutta (M 55)
144 Mahâmâluṅkyasutta (M 64)
145 Jâṇussonivagga (A X, 176)
146 Siṅgâlakovâdasutta (D 31)
147 Zu diesen zehn Grundregeln treten für den Bhikṣu 250 weitere, die Tagesablauf und Zusammenleben einer strengen Disziplin unterwerfen. Sie werden in der Abteilung «Vinaya» des buddhistischen Kanons eingeführt und begründet. Gautama geht in den entsprechenden Texten stets von einem konkreten Mißstand, etwa einem Streit oder einer Unhöflichkeit aus, um ein Gesetz zu erlassen.
148 Uposathavagga (A VIII, 44)
149 Paccorohaṇivagga (A X, 121)
150 Mahâvedallasutta (M 43)
151 Pâli-Vinaya (Mahâvagga I)
152 Dîghanakhasutta (M 74)
153 Mahâsatipaṭṭhânasutta (D 22)
154 Jâṇussonivagga (A X, 176)
155 Mahâvagga (S LVI, 10). Die Aufzählung *Regenten, Räuber, Minister* findet sich mehrfach in Gautamas Reden. Es läßt sich aus heutiger Perspektive schwer feststellen, ob diese Reihenfolge Kritik, Ironie oder Humor anzeigt. In jedem Fall dürfte diese originelle Aufzählung von Gesprächsthemen Aufmerksamkeit erregt haben.
156 Jâṇussonivagga (A X, 176)
157 Upâsakavagga (A V, 177)
158 Cattârîsakasutta (M 117)
159 Caravagga (A IV, 13)
160 Mahâsatipaṭṭhânasutta (D 22)
161 Mahâsatipaṭṭhânasutta (D 22)
162 Ânâpânasatisutta (M 118)
163 Cûḷavedallasutta (M 44)
164 Ekadhammapâli (A I, 26)
165 Sâriputras Worte nach Saṅgîtisutta (D 33)
166 Ausführlich schildert Buddhaghosas «Visuddhimagga» Übungen zu den *Unermeßlichen*.
167 Anussativagga (A XI, 16)
168 Agaññasutta (D 27)
169 Indem die Kaste der Brahmanen nach jener der Krieger entstanden sein soll, wird ihr gesellschaftlicher Führungsanspruch bestritten. Wenn die

Brahmanen zusätzlich von Ahnen abstammen, die zu schwach für das Leben als Śramane waren, werden sie zudem im religiösen Bereich den Śramanen nachgeordnet.
170 Folgende Darstellung nach Cakkavattisîhanâdasutta (D 26)
171 Kakacûpamasutta (M 21)
172 Folgende Darstellung nach Kûṭadantasutta (D 5)
173 Mahâparinibbânasutta (D 16)
174 Mahâparinibbânasutta (D 16)
175 Einleitung zu Suttanipâta 595 ff.
176 Zum Beispiel Suttanipâta 612–656 und Kassapasîhanâdasutta (D 8)
177 Kûṭadantasutta (D 5). Wenn es in der heutigen indischen Religion kaum mehr Tieropfer gibt, entspricht dies nicht der ursprünglichen brahmanischen Tradition, sondern geht auf die Ethik der Gewaltfreiheit zurück, die von Śramanen wie Mahâvîra und Gautama vertreten wurde.
178 Folgende Darstellung nach Ambaṭṭhasutta (D 3)
179 Suttanipâta 600–620
180 Aṅgulimâlasutta (M 86)
181 Cûḷavedallasutta (M 44)
182 Gahapativagga (A VIII, 21–22). Weil offenbar in Vergessen geriet, welchen Ugra Gautama würdigte, wird die Geschichte in aufeinanderfolgenden Texten zwei Männern selben Namens zugeschrieben.
183 Folgende Darstellung nach Gotamîvagga (A VIII, 51)
184 Gautama war darauf bedacht, seine Bewegung nicht grundsätzlich zu gefährden. Um Konflikte mit der Staatsmacht zu vermeiden, ordnete er zum Beispiel an, daß desertierte Soldaten nicht als Bhikṣus akzeptiert würden. Wie unglückliche Ehe- und Familienverhältnisse tatsächlich für Frauen zum Motiv werden konnten, in die Hauslosigkeit zu ziehen, zeigt Therîgâthâ 224–226.
185 Dîghacârikavagga (A V, 230–231)
186 In Sâmaññavagga (A VIII, 91) werden 26 angesehene Anhängerinnen Gautamas genannt, die über sie getroffenen Aussagen allerdings nicht wiedergegeben.
187 Vyagghapajjasutta (A VIII, 54), hier und folgende Zitate
188 Pattakammavagga (A IV, 61)
189 Samacittavagga (A II, 33)
190 Samacittavagga (A II, 34)
191 Sumanavagga (A V, 39)
192 Dîghacârikavagga (A V, 223–224)
193 Puṇṇovâdasutta (M 145)
194 Folgende Darstellung nach Cakkavattisîhanâdasutta (D 26)
195 Zum Beispiel Saṅgîtisutta (D 33) und Dasuttarasutta (D 34)
196 Cûḷataṇhâsaṅkhayasutta (M 37)
197 Mâratajjaniyasutta (M 50)
198 Mahâvagga (S XLVII, 14)
199 Pâli-Vinaya (Cullavagga VII)
200 Dagegen sprechen zum Beispiel die Zeugnisse der chinesischen Indien-

pilger Fa-hsien (ca. 340–420) und Hsüan-tsang (596–644). Beide berichten von einer buddhistischen Schule, die sich auf Devadatta zurückführe.

201 Zum Beispiel Udâna I, 5
202 Sekhapaṭipadâsutta (M 53)
203 Die Darstellung folgt ab hier Mahâparinibbânasutta (D 16)
204 Nidânavagga (S XVI, 11)
205 Nidânavagga (S XVI, 5)
206 Nidânavagga (S XVI, 10)
207 Nidânavagga (S XVI, 10)
208 Saddharmapuṇḍarîkasûtra XVI
209 Heinrich Zimmer: Indische Sphären. München, Berlin, Zürich 1935, S. 19

# Zeittafel zur buddhistischen Missionsgeschichte

ca. 4. Jahrhundert v. u. Z.
Gautama lehrt in Nordindien und gründet die buddhistische Bewegung. Sein Schüler Kâśyapa der Große beruft nach Gautamas Tod ein Konzil ein, um die Lehre für die Nachwelt festzuhalten. Anderthalb Jahrhunderte nach Gautama entwickeln sich unterschiedliche Interpretationsschulen.

3. Jahrhundert v. u. Z.
Unter Kaiser Aśoka entsteht ein erstes indisches Großreich. Aśoka fördert die Ausbreitung des Buddhismus; sein Sohn Mahinda führt um 250 v. u. Z. die Lehre Gautamas auf der Insel Lankâ (Ceylon) ein.

100 v. u. Z.–500 u. Z.
Neuinterpretation der Lehre im Mahâyâna. Gautama wird nicht länger als Mensch gesehen, der sich selbst erlöste, sondern als irdische Offenbarung eines überweltlichen Buddha. Intensive Begegnung indisch-buddhistischer mit griechischer Kultur in Gandhâra, auf dem Gebiet des heutigen Afghanistan.

2. Jahrhundert u. Z.
Verbreitung des Buddhismus in Zentralasien. Khotan, Turfan und Kutscha werden zu wichtigen Zentren buddhistischer Mission.

ca. 50 v. u. Z.–500 u. Z.
Der Buddhismus findet allmählich Eingang nach China. Übersetzung der indischen Texte ins Chinesische.

5.–6. Jahrhundert
Verwurzelung des Buddhismus in Birma. Kambodscha übernimmt mit der gesamtindischen Kultur auch buddhistische Elemente. Einführung des Buddhismus auf Sumatra und Java.

500–800
Nachdem zuvor hauptsächlich indische Philosophie rezipiert wurde, entstehen eigene chinesische Interpretationsschulen des Buddhismus. Schon im

4. Jahrhundert nach Korea gelangt, breitet sich die Lehre bis ins 6. Jahrhundert über das ganze Land aus.

6. Jahrhundert
Der Buddhismus wird über Korea in Japan als Element der chinesischen Kultur aufgenommen. Er bleibt dort zunächst eine der Oberschicht vorbehaltene Lehre. Erst im 12./13. Jahrhundert wird er durch Reformbewegungen echter Bestandteil der Volkskultur.

7.–9. Jahrhundert
Von Nordindien gelangt der Buddhismus nach Tibet. Im Rahmen der Missionierung wird die tibetische Schrift geschaffen.

ca. 1000–1250
Islamische Invasionen aus dem Westen zerstören die buddhistischen Klosterzentren Nordindiens. Dadurch bedingt allmähliches Aussterben des indischen Buddhismus, da dieser durch seine Konzentration auf die Klöster eine Breitenwirkung in der Bevölkerung eingebüßt hatte.

13. Jahrhundert
Mission des Buddhismus unter den Mongolen, die allerdings wenig erfolgreich ist. Erst im 16. Jahrhundert feste Verwurzelung in der Mongolei.

# Zeugnisse

Immanuel Kant
Sie [die Buddhisten] verwerfen die göttliche Vorsehung, lehren aber, daß durch eine fatale Notwendigkeit Laster bestraft und Tugenden belohnt werden. Sie vergießen ungern Blut, pressen keinen Saft aus Pflanzen, töten kein Vieh, sondern essen es nur, wenn es von selbst gestorben ist. Daher ihre milden Kriege. [...] Man verehrt bei ihnen nicht eigentlich ein höchstes Wesen, sondern den Sommona Cadam [Śramane Gautama], einen ehedeß gewesenen Talapoin [Mönch], der sich nun in dem Zustand der größten Glückseligkeit befinden soll, zu welchem auch, wie sie glauben, die Menschen nach vielen Wanderungen gewöhnlich in andere Körper gelangen, indem sich ihre Seele mit der Seele der Welt vermengt und als Funke in dem Himmelsraum übrig ist. Sommona Cadam aber soll wegen seiner großen Heiligkeit dahin gelangt sein. Die Gottlosen werden zu ewigen Wanderungen in andere Körper verurteilt. Die Unempfindlichkeit ist bei ihnen die größte Glückseligkeit. Physische Geographie. 1802

Johann Gottfried Herder
Jedes Ding in der Natur, mithin auch die Philosophie des Buddha, ist gut und böse, nachdem sie gebraucht wird. Sie hat so hohe und schöne Gedanken, als sie auf der anderen Seite Betrug und Trägheit erwecken und nähren kann, wie sie es auch reichlich getan hat. In keinem Lande blieb sie ganz dieselbe; allenthalben aber, wo sie ist, steht sie immer doch eine Stufe über dem rohen Heidentum, die erste Dämmerung einer reineren Sittenlehre, der erste Kindertraum einer weltumfassenden Wahrheit.
Ideen zur Philosophie der Geschichte der Menschheit. 1786

Friedrich Schlegel
Mit dem Christentum hat die Religion des Fo [Buddha] in einigen Stücken der Lehre und selbst der äußeren Einrichtung eine auffallende, aber dennoch falsche Ähnlichkeit. Das Einzelne stimmt oft sonderbar überein, aber es ist alles entstellt und verzerrt, alles hat ein anderes Verhältnis und einen anderen Sinn; es ist die Ähnlichkeit des Affen mit dem Menschen. Über die Sprache und Weisheit der Indier. 1808

Friedrich Nietzsche
So vorgeschritten Europa auch sonst sein mag: in religiösen Dingen hat es noch nicht die freisinnige Naivität der alten Brahmanen erreicht, zum Zeichen, daß in Indien vor vier Jahrtausenden mehr gedacht wurde und mehr Lust am Denken vererbt zu werden pflegte als jetzt unter uns. Jene Brahmanen nämlich glaubten erstens, daß die Priester mächtiger seien als die Götter, und zweitens, daß die Bräuche es seien, worin die Macht der Priester begriffen liege. [...] Einen Schritt weiter: und man warf die Götter beiseite, – was Europa auch einmal tun muß! Noch einen Schritt weiter: und man hatte auch die Priester und Vermittler nicht mehr nötig, und der Lehrer der Religion der Selbsterlösung, Buddha, trat auf: – wie ferne ist Europa noch von dieser Stufe der Kultur!
Morgenröte. 1880

Max Scheler
Niemals – solange ich Buddha für einen der tiefsten Geister der Menschheit halte und nicht für einen Querkopf und bloßen Entrüstungspessimisten à la Schopenhauer – kann ich mich dazu verstehen, den Kern dieses «Leidens»-Gedankens gleichzusetzen dem Leid-Schmerz-Unlusthaben; obzwar nicht zu leugnen ist, daß an erster Stelle es auch positive Unlust, Schmerz, Leid, Grauen, Furcht erweckende Erscheinungen sind, die als Beispiele und Zeugnisse dafür, daß die Welt Leiden ist, herangezogen werden. Aber der Kern dieses Leidensgedankens ist weit formaler; er geht auch über das innere Erlebnis des Menschen weit hinaus [...]. Es ist «Leiden» mehr als Gegensatz zu «Tätigkeit» und «Wirken», als im Gegensatz zur Lust.
Vom Sinn des Leides. 1916

Stefan Zweig
Ohne sich zur Lehre zu bekennen, ohne ihr geistig überhaupt nahezutreten, nur im Sinne der Größe und der Schönheit wirkt ihr künstlerisches Ethos offenbarend, und in den geistigen Himmel unserer Welt tritt mit diesen Reden [Gautamas] ein neu-uraltes Sternzeichen, deutbar und unfaßlich zugleich, schön in seiner Ferne und fern in seiner Schönheit.
Erhabenes Vermächtnis. 1919

Hermann Hesse
Es gibt zahlreiche nervöse deutsche Professoren, welche etwas wie eine buddhistische Überschwemmung, einen Untergang des geistigen Abendlandes befürchten. Das Abendland wird jedoch nicht untergehen, und Europa wird nie ein Reich des Buddhismus werden. Wer Buddhas Reden liest und durch sie Buddhist wird, der mag für sich einen Trost gefunden haben – statt des Weges, den uns Buddha vielleicht zeigen kann, hat er aber einen Notausgang gewählt.

Die Modedame, die neben dem bronzenen Buddha aus Ceylon oder Siam nun die drei Bände der Reden Buddhas legt, wird ebensowenig jenen Weg finden wie der Asket, der sich aus dem Elend eines öden Alltags zu dem Opium eines dogmatischen Buddhismus flüchtet.
Rezension zu Gautamas Reden. 1921

Albert Schweitzer
In der menschlich so großen Persönlichkeit Buddhas ist die Ethik etwas so Starkes und Lebendiges, daß sie in der Welt- und Lebensverneinung eigentlich keinen Platz mehr hat. Aber sie lehnt sich nicht gegen sie auf und sprengt sie nicht, sondern geht, wie es sich von selber ergibt, über sie hinaus, wie gestaute Wasser an der und jener Stelle den Damm überfließen.
Die Weltanschauung der indischen Denker. 1935

Ernst Bloch
Der sichtbare Stifter will zuletzt der Gang selber sein, den er lehrt. Kein Blick wird mehr nach oben gelenkt, Bekenntnis wird Nachfolge eines voran Schreitenden. *Buddha* wollte nichts anderes sein als dieser Wandel und sein Weg, ein leidbefreiter, weltloser, in einem Menschen für alle vorgezeichnet. Bei keinem der bisher erschienenen Stifter sieht man die Lehre so genau zum Wandel geworden, zu einem Wandel, der freilich geradlinig zum Nirwana führt.
Das Prinzip Hoffnung. Geschrieben 1938–47

Karl Jaspers
Daß der Lebensweg Buddhas möglich war und wirklich wurde, und daß in Asien bis heute noch hier und da ein buddhistisches Leben wirklich ist, das ist eine große Tatsache. Das Wissen darum zeigt die Fragwürdigkeit des Menschseins. Der Mensch ist nicht, was er nun einmal ist, sondern er ist offen. Er kennt nicht eine Lösung, nicht eine Verwirklichung als die allein richtige.

Buddha ist die Verwirklichung eines Menschseins, das in der Welt in bezug auf die Welt keine Aufgaben anerkennt, sondern in der Welt die Welt verläßt. Er kämpft nicht, er widersteht nicht. Er will nur als dies durch Nichtwissen gewordene Dasein erlöschen, aber er will es so radikal erlöschen, daß er sich nicht einmal nach dem Tode sehnt, weil es über Leben und Tod hinaus eine Stätte der Ewigkeit gefunden hat. Mag aus dem Abendland entgegenschwingen, was analog scheint, die Gelassenheit, die Weltfreiheit der Mystik, das Nichtwiderstehen des Bösen bei Jesus: im Abendland war Ansatz und Moment, was in Asien zum Ganzen und damit ganz anders wurde. Die großen Philosophen. 1957

# Bibliographie

## 1. Bibliographische Hilfsmittel

Es gibt keine Spezialbibliographien der Werke über das Leben und die unmittelbare Lehre Gautamas. Entsprechende Arbeiten können in Bibliographien zum Gesamtgebiet des Buddhismus gefunden werden:

CHIANG, GARY: Source Materials in Buddhist Studies in Western Languages (from Late 19th Century to 1989). Nantou 1993

GRÖNBOLD, GÜNTHER: Der buddhistische Kanon. Eine Bibliographie. Wiesbaden 1984

HANAYAMA, SHINSHO: Bibliography on Buddhism. Tokyo 1961

HELD, HANS-LUDWIG: Deutsche Bibliographie des Buddhismus. München, Leipzig 1916

LALOU, MARCELLE: Bibliographie bouddhique. I–XXXII. Paris 1928–1967

MARCH, ARTHUR CHARLES: Buddhist Bibliography. London 1935

PFANDT, PETER: Mahâyâna texts translated into Western languages. Köln 1983

POTTER, K. H.: The Encyclopedia of Indian Philosophies. Delhi 1970

REGAMEY, CONSTANTIN: Buddhistische Philosophie. In: I. M. BOCHENSKI (Hg.): Bibliographische Einführungen in das Studium der Philosophie. Bern 1950

REYNOLDS, FRANK E.: Guide to Buddhist Religion. Boston, Mass. 1981

WEBB, RUSSELL: An Analysis of the Pali Canon. With a Bibliography. Kandy 1975

## 2. Klassische Texte

### 2.1. Sûtra-Literatur

Die frühesten Zeugnisse über Leben und Lehre Gautamas enthält der Korpus der Lehrtexte (Sûtra) in den kanonischen Überlieferungen. Die meisten Übersetzungen in westlichen Sprachen liegen aus dem Pâli vor. Die folgende Auswahl berücksichtigt vor allem Übertragungen ins Deutsche.

## 2.1.1. Anguttara-Nikâya
Nyanatiloka: Die Lehrreden des Buddha aus der Angereihten Sammlung Anguttara-Nikâya. Aus dem Pâli übersetzt. Bd. 1–5, Köln 1969

## 2.1.2. Majjhima-Nikâya
Neumann, Karl Eugen: Die Reden Gotamo Buddhos aus der Mittleren Sammlung des Pâli-Kanons [...]. Zürich, Wien 1956, zuerst 1896–1902

Schmidt, Kurt: Buddhas Reden. Majjhimanikaya. Die Sammlung der mittleren Texte des buddhistischen Pali-Kanons. In kritischer, kommentierter Neuübertragung. Reinbek bei Hamburg 1961, Neuausgabe: Berlin 1978

## 2.1.3. Dîgha-Nikâya
Neumann, Karl Eugen: Die Reden Gotamo Buddhos aus der längeren Sammlung Dîghanikâyo des Pâli-Kanons [...]. Zürich, Wien 1957, zuerst 1906–1912

Franke, R. Otto: Dîghanikâya. Das Buch der langen Texte des buddhistischen Kanons. In Auswahl übersetzt. Göttingen, Leipzig 1913 (Quellen der Religionsgeschichte 4)

## 2.1.4. Samyutta-Nikâya
Geiger, Wilhelm: Samyutta-Nikâya. Bd. 1–2, München-Neubiberg 1925–1930

## 2.1.5. Zum Lebensende Gautamas
Beckh, H.: Der Hingang des Vollendeten. Stuttgart ²1960 [Deutsche Übertragung des Pâli-Textes aus D 16]

Neumann, Karl Eugen: Die letzten Tage Gotamo Buddhos. Aus dem großen Verhör über die Erlöschung. Mahâparinibbâna-suttam des Pâli-Kanons. München 1911, ²1923

Waldschmidt, Ernst: Die Überlieferung vom Lebensende des Buddha. Göttingen 1944/48 (Abhandlungen der Akademie der Wissenschaften in Göttingen, Philologisch-historische Klasse, 3. Folge, Nr. 29/30)

Waldschmidt, Ernst: Das Mahâparinirvânasûtra. Berlin 1950/51

Yamamoto, K.: The Mahâyâna Mahâparinirvâna-Sûtra. Bd. 1–3. Oyama 1973–75

## 2.1.6. Lehrgedichte
Franke, R. Otto: Dhamma-Worte. Dhammapada des südbuddhistischen Kanons. Jena 1923

Neumann, Karl Eugen: Sammlungen in Versen. Die Sammlung der Bruchstücke. Die Lieder der Mönche und Nonnen. Der Wahrheitspfad. Zürich, Wien 1957

Nyanaponika: Sutta-Nipâta. Früh-buddhistische Lehrdichtungen aus dem Pâli-Kanon. Mit Auszügen aus den alten Kommentaren. Konstanz 1955 (Buddhistische Handbibliothek 6)

## 2.1.7. Anthologien von Sûtra-Texten:

DAHLKE, PAUL: Buddha. Die Lehre des Erhabenen. München ²1960

DUTOIT, JULIUS: Das Leben des Buddha. Eine Zusammenstellung alter Berichte aus den kanonischen Schriften der südlichen Buddhisten. Aus dem Pali übersetzt und erläutert. Leipzig 1906

GLASENAPP, HELMUTH VON: Der Pfad zur Erleuchtung. Grundtexte der buddhistischen Heilslehre. Düsseldorf 1956

GLASENAPP, HELMUTH VON: Gedanken von Buddha. Berlin, Zürich 1942

MYLIUS, KLAUS (Hg): Die Vier Edlen Wahrheiten. Texte des ursprünglichen Buddhismus. Leipzig 1983

NYANATILOKA: Das Wort des Buddha. Eine systematische Übersicht der Lehre des Buddha in seinen eigenen Worten. Konstanz ³1953 (Buddhistische Handbibliothek 1)

NYANATILOKA: Der Weg zur Erlösung. In den Worten der buddhistischen Urschriften. Konstanz 1956 (Buddhistische Handbibliothek 8)

## 2.2. Vinaya-Literatur

Der «Korpus der Disziplin» (Vinaya) der kanonischen Überlieferungen enthält eine Vielzahl an Berichten über das Leben Gautamas, darunter ausführliche biographische Arbeiten.

PANGLUNG, J. LOSANG: Die Erzählstoffe des Mûlasarvâstivâda-Vinaya, analysiert auf Grund der tibetischen Übersetzung. Tokyo 1981

ROCKHILL, WILLIAM WOODVILLE: The Life of the Buddha. London 1884 [Geht von der tibetischen Übersetzung des Mûlasarvâstivâda-Vinaya aus.]

HORNER, I. B.: The Book of the Discipline. Bd. 1–5. London 1949–1952

## 2.3. Klassische Biographien
### 2.3.1. Mahâvastu

JONES, J. J.: The Mahâvastu. London 1949, 1952, 1956 (Sacred Books of the Buddhists XVI, XVIII, XIX)

LEUMANN, ERNST: Mahâvastu. In: Proceedings of the Faculty of Liberal Arts & Education, Yamanashi University, I–III, 1952, 1957, 1962

LEUMANN, ERNST, und SHÔKÔ WATANABE: Mahâvastu. In: Indo koten kenkyû I (1970), S. 63–108

### 2.3.2. Lalitavistara

FOUCAUX, PHILIPPE ÉDOUARD: Rgya Tch'er rol pa, ou Développement des Jeux. Paris 1847–48

LEFMANN, S.: Lalita Vistara. Erzählung von dem Leben und der Lehre des Çâkya Simha. Berlin 1874

POPPE, N.: The Twelve Deeds of Buddha. A Mongolian Version of the Lalitavistara. Wiesbaden 1967

WALDSCHMIDT, ERNST: Die Legende vom Leben des Buddha. Graz 1982, zuerst Berlin 1929 [Enthält hauptsächlich Texte aus «Lalitavistara»]

2.3.3. Aśvaghoṣas Buddhacarita
CAPELLER, C.: Buddhas Wandel. Açbaghoshas Buddhacarita. Jena 1922
JOHNSTON, E. H.: Aśvaghoṣa, Buddhacarita. Complete Sanskrit Text with English Translation. Calcutta 1935
JOHNSTON, E. H.: The Buddha's Mission and Last Journey: Buddhacarita, XV to XXVIII. In: Acta Orientalia (1937), S. 26–292
SCHMIDT, R.: Buddha's Leben. Aśvaghoṣa's Buddhacaritam. Ein altindisches Heldengedicht. Osnabrück 1972, zuerst 1923

2.3.4. Nidânakathâ
DUTOIT, JULIUS: Jâtakam. Das Buch der Erzählungen aus früheren Existenzen Buddhas. Band VII. München 1921


# 3. Moderne Biographien und Studien zu biographischen Fragen

Neben Darstellungen des Lebens und der Lehre Gautamas, die den neueren Forschungsstand repräsentieren, sind auch wissenschaftsgeschichtlich bedeutende Werke aufgenommen worden, die das Bild Gautamas in Europa entscheidend prägten.

BACOT, JACQUES: Le Bouddha. Paris 1947
BAREAU, ANDRÉ: Le Bouddha. Paris 1960
–: Recherches sur la biographie du Buddha dans les Sûtrapitaka et les Vinayapitaka Anciens: de la quête de l'Éveil à la Conversion de Śâriputra et Maudgalyâyana. Paris 1963 (Publications de l'École Française d'Extrême-Orient LIII)
–: La légende de la jeunesse du Buddha dans les Vinayapitaka anciens. In: Oriens Extremus 9 (1962), S. 6–33
–: Recherches sur la biographie du Buddha dans les Sûtrapitaka et les Vinayapitaka Anciens: II. Le dernier mois, le Parinirvâna et les funérailles. 2 Bände. Paris 1970–71 (Publications de l'École Française d'Extrême-Orient LXXVII)
–: La jeunesse du Buddha dans les Sûtrapitaka et dans les Vinayapitaka anciens. In: Bulletin de l'École Française d'Extrême-Orient 61 (1974), S. 199–274
–: Le Buddha et Uruvilvâ. In: Indianisme et Bouddhisme. Mélanges offerts â Msgr. Étienne Lamotte. Louvain 1980, S. 1–18
BECHERT, HEINZ: Die Lebenszeit des Buddha – das älteste feststehende Datum der indischen Geschichte? Göttingen 1986 (Nachrichten der Akademie der Wissenschaften in Göttingen. I. Philologisch-historische Klasse, 1986, Nr. 4)
–: The Date of the Buddha Reconsidered. In: Indologica Taurinensia 10 (1982), S. 29–36
– (Hg.): The Dating of the Historical Buddha. Part 1. Göttingen 1991
BECK, HERMANN: Buddha und seine Lehre. Stuttgart $^5$1980

Brewester, E. H.: The Life of Gotama the Buddha, compiled exclusively from the Pâli Canon. London ²1956

Byles, M. B.: Footprints of Gautama the Buddha, being the Story of the Buddha his Disciples knew, describing portions of his ministerial life. Wheaton, Ill. ²1972

Foucher, A.: La vie du Bouddha d'après les arts et les monuments de l'Inde. Paris 1949

Hara, M.: A note on Buddha's birth story. In: Indianisme et Bouddhisme. Mélanges offerts à Msgr. Étienne Lamotte. Louvain 1980, S. 143–157

Hecker, Hellmut: Das Leben des Buddha. Der innere und äußere Lebensgang des Erwachten. Hamburg 1973

Horsch, P.: Buddhas erste Meditation. In: Asiatische Studien 17 (1964), S. 100–154

Jong, J. W. de: The Beginnings of Buddhism. In: The Eastern Buddhist. New Series 26. 1993, S. 11–30

Klimkeit, Hans-Joachim: Der Buddha. Leben und Lehre. Stuttgart, Berlin, Köln 1990

Lamotte, Étienne: La légende du Buddha. In: Revue de l'Histoire des Religions 134 (1947–48), S. 37–71

–: Le Bouddhisme de Śâkyamuni. Göttingen 1983 (Nachrichten der Akademie der Wissenschaften in Göttingen. I. Philologisch-historische Klasse, 1983, Nr. 4)

Lehmann, Johannes: Buddha. Leben, Lehre, Wirkung. München 1980

Mizuno, Kôgen: The Beginnings of Buddhism. Tokyo ³1982

Nagao, Gadjin: The Life of the Buddha: An Interpretation. In: The Eastern Buddhist. New Series 20. 1987, 2, S. 1–31

Oldenberg, Hermann: Buddha. Sein Leben. Seine Lehre. Seine Gemeinde. Berlin 1881 u. ö.

Pischel, Richard: Leben und Lehre des Buddha. Leipzig 1906

Rhys Davids, T. W.: Buddhism being a sketch of the life and the teachings of Gautama the Buddha. London 1877 u. ö.

Schumann, Hans Wolfgang: Der historische Buddha. Köln 1982

Senart, Émile: Essai sur la légende du Buddha. Paris ²1882, zuerst 1873–1875

Thomas, Edward J.: The Life of Buddha as Legend and History. London 1927, ⁶1960

Vetter, Tilmann: Recent Research on the Most Ancient Form of Buddhism. A Possible Approach and its Results. In: Buddhism and Its Relations to Other Religions. Essays in Honour of Dr Shōzen Kumoi on His Seventieth Birthday. Kyōto 1985

Winternitz, Moritz: Gautama the Buddha, what do we know of him and his teaching? In: Derselbe: Kleine Schriften 2. Stuttgart 1991, S. 576–587

Zürcher, E.: Het Leven van de Boeddha, vertaald uit de vroegste Chinese overlevering. Amsterdam 1978

## 4. Gautamas Umfeld und Einzelprobleme

BRONKHORST, JOHANNES: Dharma and Abhidharma. In: Bulletin of the School of Oriental and African Studies, Vol. 48/2 (1985), S. 305–320
–: Two Traditions of Meditation in Ancient India. Stuttgart 1986 (Alt- und Neu-Indische Studien, hg. vom Seminar für Kultur und Geschichte Indiens an der Universität Hamburg 28)
CHAKRAVARTI, UMA: The Social Dimensions of Early Buddhism. Delhi 1987
CHANDRA, PRATAP: Was Early Buddhism influenced by the Upanishads? In: Philosophy East and West, 21. 1971, S. 317–324
EIMER, HELMUT: Skizzen des Erlösungsweges in buddhistischen Begriffsreihen. Bonn 1976 (Arbeitsmaterialien zur Religionsgeschichte 1)
FRANKE, OTTO R.: Die Buddhalehre in ihrer erreichbar-ältesten Gestalt. In: Zeitschrift der Deutschen Morgenländischen Gesellschaft 71 (1917), S. 50–98
FRAUWALLNER, ERICH: Geschichte der indischen Philosophie. Bd. 1, Salzburg 1953
–: The Earliest Vinaya and the Beginnings of Buddhist Literature. Roma 1956
GEIGER, WILHELM und MAGDALENE: Pâli Dhamma. München 1920 (Abhandlungen der Bayerischen Akademie der Wissenschaften, Phil.-histor. Klasse XXXI, 1)
GLASENAPP, HELMUTH VON: Der Ursprung der buddhistischen Dhamma-Theorie. In: Wiener Zeitschrift für die Kunde des Morgenlandes 46 (1939), S. 242–266
–: Die Literaturen Indiens von ihren Anfängen bis zur Gegenwart. Potsdam 1929
–: Zur Geschichte der buddhistischen Dharma-Theorie. In: Zeitschrift der Deutschen Morgenländischen Gesellschaft 92 (1938), S. 383–420
GÜNTHER, HERBERT: Das Seelenproblem im älteren Buddhismus. Konstanz 1949
HEILER, FRIEDRICH: Die buddhistische Versenkung. München 1918, [2]1922
HORNER, I. B.: Women under Primitive Buddhism. Laywomen and Almswomen. London 1930, Nachdruck: Delhi 1975
JOHANSSON, RUNE E. A.: The Dynamic Psychology of Early Buddhism. London, Malmö 1979
KALUPAHANA, DAVID J.: Buddhist Philosophy. A Historical Analysis. Honolulu 1976
KUMOI, SHOZEN: Der Nirvâna-Begriff in den kanonischen Texten des Früh-Buddhismus. In: Wiener Zeitschrift für die Kunde Südasiens 12/13 (1968/69), S. 205–213
LA VALLÉE POUSSIN, LOUIS DE: Nirvâna. Paris 1925 (Études sur l'Histoire des Religions 4)
LAMOTTE, ÉTIENNE: Die bedingte Entstehung und die höchste Erleuchtung. In: Beiträge zur Indienforschung. Festschrift für Ernst Waldschmidt. Berlin 1977, S. 279–298
LÜDERS, HEINRICH: Beobachtungen zur Sprache des buddhistischen Ur-

kanons. Berlin 1954 (Abhandlungen der Deutschen Akademie der Wissenschaften zu Berlin, Klasse für Sprachen, Literatur und Kunst, 1952, Nr. 10)

OLDENBERG, HERMANN: Die Lehre der Upanishaden und die Anfänge des Buddhismus. Göttingen 1915

OLIVELLE, PATRICK: The Origin and the Early Development of Buddhist Monachism. Colombo 1974

PANDE, GOVIND CHANDRA: Studies in the Origin of Buddhism. Delhi ²1974

PÉREZ-REMÓN, JOAQUÍN: Self and Non-Self in Early Buddhism. The Hague, Paris, New York 1980 (Religion and Reason 22)

RUEGG, DAVID SEYFORT und SCHMITHAUSEN, LAMBERT (Hg.): Earliest Buddhism and Madhyamaka. Leiden 1990

SCHMITHAUSEN, LAMBERT: Die vier Konzentrationen der Aufmerksamkeit. In: Zeitschrift für Missionswissenschaft und Religionswissenschaft 60 (1976), S. 241–266

–: Ich und Erlösung im Buddhismus. In: Zeitschrift für Missionswissenschaft und Religionswissenschaft 53 (1969), S. 157–170

–: On some Aspects of Descriptions or Theories of «Liberating Insight» [...]. In: K. BRUHN und A. WEZLER (Hg.): Studien zum Jainismus und Buddhismus. Gedenkschrift für Ludwig Alsdorf. Wiesbaden 1981, S. 199–250

–: Zur Struktur der erlösenden Erfahrung im indischen Buddhismus. In: G. OBERHAMMER (Hg.): Transzendenzerfahrung. Vollzugshorizont des Heils. Wien 1978, S. 97–119

SCHUBRING, WALTHER: Die Lehre der Jainas. Berlin, Leipzig 1935 (Grundriß der Indo-Arischen Altertumskunde 3/7)

VETTER, TILMANN: The Ideas and Meditative Practices of Early Buddhism. Leiden 1988

VOGEL, CLAUS: The Teachings of the Six Heretics. Wiesbaden 1970 (Abhandlungen für die Kunde des Morgenlandes 39)

## 5. Wirkungsgeschichte

BECHERT, HEINZ, und RICHARD GOMBRICH: Die Welt des Buddhismus. Geschichte und Kultur. München 1984

BECHERT, HEINZ: Buddhismus, Staat und Gesellschaft in den Ländern des Theravâda-Buddhismus. Bd. 1–3. Wiesbaden, Hamburg 1966–1973 (Schriften des Instituts für Asienkunde in Hamburg 17/1–3)

BENZ, ERNST: Buddhas Wiederkehr und die Zukunft Asiens. München 1963

CH'EN, KENNETH: Buddhism in China. Princeton 1964

–: Chinese Transformation of Buddhism. Princeton 1973

CONZE, EDWARD: Der Buddhismus. Wesen und Entwicklung. Stuttgart ⁸1986

–: Eine kurze Geschichte des Buddhismus. Frankfurt a. M. 1984

DUMOULIN, HEINRICH (Hg.): Buddhismus der Gegenwart. Freiburg i. B. 1970

–: Zen. Geschichte und Gestalt. Bern 1959

FRAUWALLNER, ERICH: Die Philosophie des Buddhismus. Berlin 1956
GAULIER, SIMONE: Buddhism in Afghanistan and Central Asia. Bd. 1–2. Leiden 1976
GUENTHER, HERBERT V.: Buddhist thought and Asian civilization. Emeryville/Ca. 1977
JONG, J. W. DE: A Brief History of Buddhist Studies in Europe and America. Delhi $^2$1987
LOMMEL, ANDREAS: Kunst des Buddhismus. Zürich, Freiburg i. B. 1974
MENSCHING, GUSTAV: Buddhistische Geisteswelt. Vom historischen Buddha zum Lamaismus. Wiesbaden 1975
NAGAO, GADJIN: The Buddha's Life as Parable for Later Buddhist Thought. In: The Eastern Buddhist. New Series 24. 1991, 2, S. 1–32
NAKAMURA, H.: Ways of Thinking of Eastern People. India–China–Tibet–Japan. Honolulu 1964
OVERMYER, DANIEL L.: Folk Buddhist Religion. Dissenting sects in late traditional China. Cambridge 1976
ROBINSON, RICHARD, und WILLARD JOHNSON: The Buddhist Religion. A Historical Introduction. Belmont/Ca. 1970
SCHLINGLOFF, DIETER: Die Religion des Buddhismus. Bd. 1–2. Berlin 1962–63
SCHMIDT-GLINTZER, HELWIG: Das Hung-ming chi und die Aufnahme des Buddhismus in China. Wiesbaden 1976 (Münchner Ostasiatische Studien 12)
SCHUMANN, HANS WOLFGANG: Buddhismus. Stifter, Schulen und Systeme. Olten, Freiburg i. B. 1976
SECKEL, D.: Kunst des Buddhismus. Baden-Baden 1962
SPONBERG, ALAN, und HELEN HARDACRE (Hg.): Maitreya, the Future Buddha. Cambridge 1988
TANAKA, KENNETH K.: The Dawn of Chinese Pure Land Buddhist Doctrine. New York 1990
WALLESER, MAX: Die buddhistische Philosophie in ihrer geschichtlichen Entwicklung. Bd. 1–4. Heidelberg 1904–1927
WELBON, G. R.: The Buddhist Nirvâna and its Western Interpreters. Chicago 1968
ZOTZ, VOLKER: Zur Rezeption, Interpretation und Kritik des Buddhismus im deutschen Sprachraum vom Fin-de-Siècle bis 1930. Wien 1986
–: Der Buddha im Reinen Land. Shin-Buddhismus in Japan. München 1991
–: «Das Erzeugnis heißer Klimate» – Zum Werden des Buddhismus-Bildes deutscher Philosophen und Historiker. In: Hōrin. Vergleichende Studien zur japanischen Kultur. 1, 1994, S. 169–183
–: Geschichte der buddhistischen Philosophie. Reinbek 1996
ZÜRCHER, ERIK: The Buddhist Conquest of China. Leiden 1959

# Namenregister

*Die kursiv gesetzten Zahlen bezeichnen die Abbildungen*

Ajâtaśatru, König von Magadha 97, 106f, 108f, 117
Ajita Keśakambala 30, 71
Ânanda 14, 28, 67, 100f, 110f, 115f, 86, *111*
Angulimâliya 99
Aniruddha 113
Arâḍa Kâlâma 33f, 49; Anm. 50, 56
Aśoka 109
Aśvajit 36, 85

Bareau, André Anm. 50
Bechert, Heinz Anm. 16
Bhadrajit 36
Bhallika 49, 52, 64, *53*
Bimbisâra, König 67, 106, 109
Bronkhorst, Johannes Anm. 50, 56, 58
Buddhaghosa Anm. 49, 66, 76, 77, 116

Cunda 110

Devadatta 28, 97, 106f; Anm. 200
Dharmadinnâ 99
Droṇa 113

Fa-hsien Anm. 200
Franke, Richard Otto 9; Anm. 3, 4
Frauwallner, Erich Anm. 137

Glasenapp, Helmuth von Anm. 118, 124

Hegel, Georg Wilhelm Friedrich 9
Heiler, Friedrich Anm. 49
Held, Hans Ludwig Anm. 9
Hesse, Hermann Anm. 9
Hsüan-tsang Anm. 200

Jesus Anm. 137
Jñâtiputra s. u. Mahâvîra

Kakuda Kâtyâyana 30
Kalupahana, David J. Anm. 33
Kâśyapa der Große 14, 113, 115f, *86, 116*
Kâśyapa vom Fluß 64f, *63*
Kâśyapa von Gayâ 64f, *63*
Kâśyapa von Uruvilvâ 64f, *63, 65*
Kauṇḍinya 38, 51
Kern, Hendrik 9; Anm. 2

Lamotte, Étienne Anm. 10
Lüders, Heinrich Anm. 13

MacGovern, W. M. Anm. 124
Mahânâma 36
Mahâprajâpatî Gautamî 18, 99f
Mahâvîra 36, 39; Anm. 177; *35*
Maskarin Gośâlîputra 32
Maudgalyâyana 67, 106, *107*
Maudgalyâyana, Rechenmeister 82
Mâyâ 18, *19*

Nanda 18
Nâgârjuna 78f, 125

Neumann, Karl Eugen Anm. 9
Nyanatiloka (Anton Gueth) Anm. 49

Oldenberg, Hermann 9; Anm. 5, 6

Prasenajit, König von Kośala 99, 109
Pûraṇa Kâśyapa 30
Pûrṇa Maitrâyaṇîputra 103, *102*

Râhula 27f, 67, *66*

Saṃjayin Vairaṭîputra 30, 67
Śâriputra 67, 85, 106, *107*
Schopenhauer, Arthur 11; Anm. 7, 9
Senart, Émile 9; Anm. 1
Siṃha, Feldherr 57f
Subhadra 112
Subhûti *71*
Sudatta Anâthapiṇḍada 104, *100*
Śuddhodana 18
Sujâtâ 41

Sundarînandâ 18

Trâpuṣa 49, 52, 64, *53*

Udraka Râmaputra 33f, 49; Anm. 50, 56
Ugra 99; Anm. 182
Upaga 49

Vâṣpa 36
Vetter, Tilmann Anm. 41, 137
Viḍûḍabha, König von Kośala 28
Viśvâmitra 20

Wagner, Richard Anm. 9
Waldschmidt, Ernst Anm. 19, 85

Yasá 64
Yaśodharâ 22, *22/23*
Yâjñavalkya Anm. 45

Zimmer, Heinrich Anm. 209

# Quellennachweis der Abbildungen

© Kodansha Publishers Ltd., Tokio: 8, 20, 65, 100; Yasuhiro Ohta: 6; Hitoshi Tamura: 13, 40, 41, 101; Takashi Koezuka: 20, 43, 66
Staatliche Museen Preußischer Kulturbesitz, Berlin: 10
Aus: Propyläen Kunstgeschichte Bd. 21: Indien und Südostasien. Berlin 1985: 12, 46, 61
Sammlung des Autors: 14, 104
H. Münker, Düsseldorf-Meiderich: 19
Archives Photographiques, Paris: 21, 24, 54, 63, 73
Victoria & Albert Museum, London: 22/23
Werner Forman, Prag: 26
© Druckhaus Nonntal, Salzburg: 77, 119; Holle Bildarchiv, Baden-Baden: 31; Hugo Münsterberg: 35, 59, 88, 93, 107, 124; Larkin Bros. Ltd., London: 123
Aus: Johannes Lehmann: Buddha. Leben. Lehre. Wirkung. München 1980: 37
R. Perlia, Berlin: 44
Guimet: 48
Prof. Dr. Herbert Härtel, Direktor des Museums für Indische Kunst, Berlin-Dahlem: 50, 53, 96, 108
Rowohlt-Archiv: 56
E. Böhm, Mainz: 58
By permission of the British Library, London: 71
Collection Percheron: 81, 112
Metropolitan Museum of Art, New York: 83
Ernst Hahn, Zürich: 86
Art Institute, Chicago, Ill.: 90
Manshichi Sakamoto, Tokio: 102, 111
Aus: Kōgen Mizuno: The Beginnings of Buddhism. Tokyo $^3$1983: 109, 113, 114
James S. Lo, Taiwan-USA: 116
Courtesy of The Arthur M. Sackler Museum, Harvard University, Cambridge, Mass.: 120
Éditions du Seuil, Paris: 122

# Über den Autor

Volker Zotz lebt in Kyōto (Japan) und im ostösterreichischen Burgenland. Studium der Philosophie, Geschichte, Kunstgeschichte und Promotion in Wien. Nach Forschungsaufenthalten in Indien und Japan seit 1991 Vorlesungen an der Universität Wien zur Geschichte der Philosophie mit dem Schwergewicht auf indischem Denken. Seit 1994 in Kyōto Forschungstätigkeit am *Institut für buddhistische Kultur* der Ryūkokū-Universität.

Volker Zotz ist Vorstandsmitglied der «International Association of Shin Buddhist Studies» (Kyōto) und Gründer der Arbeitsgemeinschaft «Eurasischer Humanismus». Er gibt die Zeitschriften «Ḍamaru» (Wien) und «Hōrai» (Kyōto) heraus.

Wichtigste Buchveröffentlichungen: «Maitreya», Hann. Münden 1984; «Zur Rezeption, Interpretation und Kritik des Buddhismus im deutschen Sprachraum», Wien 1986; «Freiheit und Glück. Buddhas Lehren», München 1986; «André Breton», Reinbek 1990; «Der Buddha im Reinen Land. Shin-Buddhismus in Japan», München 1991; «Geschichte der buddhistischen Philosophie», Reinbek 1996.

**Maria**
Alan Posener; rororo 50621

**Jesus**
David Flusser; rororo 50632

**Paulus**
Claude Tresmontant; rororo 50023

**Hildegard von Bingen**
Helene M. Kastinger Riley; rororo 50469

**Meister Eckhart**
Gerhard Wehr; rororo 50376

## rowohlts monographien
## Religion und Theologie

**Martin Luther**
Christian Feldmann; rororo 50706

**Die Reformatoren**
Veit-Jakobus Dieterich; rororo 50615

**Jakob Böhme**
Gerhard Wehr; rororo 50179

**Friedrich von Bodelschwingh**
Hans-Walter Schmuhl; rororo 50687

**Dietrich Bonhoeffer**
Eberhard Bethge; rororo 50684

**Edith Stein**
Christian Feldmann; rororo 50611

**Dalai Lama XIV.**
Sabine Wienand; rororo 50673

**Buddha**
Volker Zotz; rororo 50477

**Konfuzius**
Volker Zotz; rororo 50555

**Mohammed**
Émile Dermenghem; rororo 50047

**Franz von Assisi**
Veit-Jakobus Dieterich; rororo 50542

*Weitere Informationen in der* Rowohlt Revue *oder unter* www.rororo.de

**Jean-Jacques Rousseau**
Bernhard H. F. Taureck; rororo 50699

**Jean-Paul Sartre**
Christa Hackenesch; rororo 50629

**Albert Camus**
Brigitte Sändig; rororo 50635

**Aristoteles**
Jean-Marie Zemb; rororo 50063

**Platon**
Uwe Neumann; rororo 50533

## rowohlts monographien
## Große Denker

**Friedrich Nietzsche**
Ivo Frenzel; rororo 50634

**Immanuel Kant**
Uwe Schultz; rororo 50659

**Ludwig Wittgenstein**
Adolf Hübner, Kurt Wuchterl; rororo 50275

**Karl Popper**
Manfred Geier; rororo 50468

**Martin Heidegger**
Manfred Geier; rororo 50665

**Hannah Arendt**
Wolfgang Heuer; rororo 50379

**Sigmund Freud**
Hans-Martin Lohmann; rororo 50693

**C. G. Jung**
Gerhard Wehr; rororo 50152

**Rudolf Steiner**
Christoph Lindenberg; rororo 50500

**Karl Marx**
Werner Blumenberg; rororo 50076

**Friedrich Engels**
Helmut Hirsch; rororo 50142

*Weitere Informationen in der* Rowohlt Revue *oder unter* www.rororo.de

**Albert Einstein**
Johannes Wickert; rororo 50666

**Marco Polo**
Otto Emersleben; rororo 50473

**Christoph Kolumbus**
Andreas Venzke; rororo 50449

**Galileo Galilei**
Johannes Hemleben; rororo 50156

**Isaac Newton**
Johannes Wickert; rororo 50548

## rowohlts monographien
## Forscher und Entdecker

**Lise Meitner**
Anne Hardy, Lore Sexl; rororo 50439

**Marie Curie**
Peter Ksoll, Fritz Vögtle; rororo 50417

**Werner Heisenberg**
Armin Hermann; rororo 50240

**Wernher von Braun**
Johannes Weyer; rororo 50552

**Robert Bosch**
Hans-Erhard Lessing; rororo 50594

**Stephen Hawking**
Hubert Mania; rororo 50573

**Alexander von Humboldt**
Thomas Richter; rororo 50712

**Wilhelm von Humboldt**
Peter Berglar; rororo 50161

**Johannes Kepler**
Mechthild Lemcke; rororo 50529

**Gottfried Wilhelm Leibniz**
Reinhard Finster, Gerd van den Heuvel;
rororo 50481

**René Descartes**
Rainer Specht; rororo 50117

*Weitere Informationen in der* Rowohlt Revue *oder unter* www.rororo.de